L'Éveil Financier

Baptiste Arnaud

"L'Éveil Financier : Identifier et résoudre vos difficultés financières"

Le guide essentiel pour comprendre votre rapport à l'argent, corriger vos mauvaises habitudes et créer enfin la vie financière que vous méritez.

Deuxième édition

@cashual_life

DISCLAIMER

Ce livre ne prétend pas offrir une vue complète et détaillée sur l'ensemble des domaines financiers tels que la bourse, les cryptomonnaies, l'immobilier, l'indépendance financière ou la gestion des finances personnelles. Son objectif est de fournir des informations accessibles, claires et concises pour aider les lecteurs à prendre des décisions éclairées. Bien que les informations aient été soigneusement sélectionnées, l'auteur ne peut garantir leur exactitude, leur exhaustivité ou leur actualité.

Les informations présentées dans ce livre ne doivent pas être interprétées comme une offre, une incitation ou un conseil d'investissement dans quelque domaine que ce soit, qu'il s'agisse de titres financiers, de crypto-monnaies ou d'investissements immobiliers. L'auteur n'est pas un conseiller financier et n'offre pas de services financiers professionnels. Chaque type d'investissement comporte des risques, y compris la perte partielle ou totale du capital investi. Les performances passées ne garantissent en aucun cas les résultats futurs. Les valeurs d'investissement peuvent fluctuer, et aucune garantie n'existe quant à la récupération du capital initialement investi.

L'auteur décline toute responsabilité quant aux conséquences directes ou indirectes résultant de l'utilisation des informations contenues dans ce livre. Il revient aux lecteurs de s'assurer qu'ils respectent les lois et règlements en vigueur dans leur pays, qu'il s'agisse d'investissements financiers, immobiliers ou d'autres démarches liées à la gestion financière. Ce livre ne constitue pas une recommandation pour l'ouverture de comptes de trading, bancaires ou pour l'acquisition d'actifs spécifiques, et toute mention de prestataires financiers ou immobiliers est purement informative.

Il est vivement recommandé de consulter un professionnel agréé avant de prendre toute décision financière, qu'il s'agisse de placements en bourse, d'investissements en crypto monnaie, dans l'immobilier ou de gestion financière. L'auteur n'assume aucune responsabilité pour les pertes liées à la spéculation ou à l'investissement effectuées sur la base des informations contenues dans cet ouvrage. Les lecteurs sont pleinement responsables de leurs propres décisions et doivent être conscients des risques associés à chaque type d'investissement.

Il est crucial de comprendre que tous les investissements, qu'ils concernent la bourse, la cryptomonnaie ou l'immobilier, comportent des risques. Il est utopique de penser que le risque zéro existe, quel que soit le type d'investissement ou la stratégie mise en œuvre. Les marchés peuvent être impactés par des événements imprévisibles tels que des crises économiques, des évolutions politiques ou des changements réglementaires. L'auteur ne peut donc être tenu responsable des pertes financières découlant de ces circonstances.

Les informations contenues dans ce livre sont fournies à titre indicatif et peuvent être modifiées à tout moment sans préavis. Il est de la responsabilité des lecteurs de rester informés des changements et d'actualiser leurs connaissances en fonction des évolutions du marché. Les opinions exprimées sont celles de l'auteur au moment de la publication et peuvent changer au fil du temps.

Enfin, il est important de noter que les investissements internationaux, y compris dans les marchés émergents, comportent des risques supplémentaires tels que des risques politiques, économiques et des fluctuations de change. Il est donc essentiel d'adopter une approche prudente et de réaliser des recherches approfondies avant de s'engager dans des investissements à l'étranger. En lisant ce livre, les lecteurs acceptent de prendre l'entière responsabilité de leurs décisions financières et reconnaissent avoir pris connaissance des risques potentiels associés à la gestion de leurs finances personnelles, à la spéculation et aux divers investissements abordés.

Ce livre ne constitue pas un conseil financier et je ne suis pas conseiller en investissement. Les décisions finales doivent être prises par vous, en assumant pleinement les conséquences, positives ou négatives. Je partage simplement mes choix personnels et ne peux prédire l'avenir. Vous êtes donc entièrement responsable de vos décisions.

Ce livre ne tient pas compte de votre situation financière personnelle ni de vos objectifs d'investissement. Bien que nous ayons rassemblé des informations fiables, aucune garantie n'est donnée quant à leur exactitude ou exhaustivité. Toute responsabilité pour des pertes directes ou indirectes est déclinée. Les investisseurs doivent vérifier les informations et faire leurs propres recherches avant toute décision d'achat.

SOMMAIRE

INTRODUCTION DU LIVRE

Chers lecteurs,

Bienvenue dans L'Éveil Financier.
Si vous tenez ce livre entre vos mains, c'est que vous cherchez plus que des conseils : vous cherchez un changement réel, concret, durable.

J'ai écrit ces pages sous le nom de CA$HUAL, et si j'ai choisi de me consacrer à la finance, c'est parce que je crois profondément que chacun mérite de comprendre l'argent. Pas seulement ceux qui en ont beaucoup, pas seulement ceux qui ont eu les bonnes informations au bon moment.

Non, tout le monde.

Nous vivons dans un monde où les prix augmentent, où les salaires stagnent et où l'école ne nous enseigne pas la gestion de l'argent.
Résultat : beaucoup naviguent sans carte, sans repères, et finissent par subir leurs finances au lieu de les contrôler.

Ce livre a été pensé pour répondre à un problème central : La classe moyenne manque d'outils, pas d'intelligence.

Pas d'informations simples, claires, accessibles.
Pas de méthodes adaptées à ceux qui n'ont pas "de l'argent à perdre".
Pas de perspective à long terme.

Mon but est donc simple :
vous apporter les bases solides que tout le monde devrait connaître pour reprendre le contrôle de sa vie financière.

Ce livre ne parle pas seulement de chiffres, il parle de :
psychologie financière, comportements, croyances, décisions, habitudes, et surtout des mécanismes qui font réussir ou échouer financièrement.

Car dans la réalité, ce ne sont pas les meilleurs salaires qui font la différence, mais la capacité à comprendre l'argent et à l'utiliser intelligemment.

Vous trouverez ici des explications accessibles, des stratégies pratiques, des exercices simples, des principes universels et une feuille de route que vous pouvez appliquer même avec un revenu modeste.

L'objectif est d'aller droit au but, sans jargon inutile, sans théorie compliquée.

Ce livre n'est pas un conseil en investissement personnalisé. Je ne vous dis pas quoi acheter. Je ne vous promets pas de "devenir riche rapidement".
Vous êtes responsables de vos décisions financières, et c'est très bien ainsi, car ce livre va justement vous donner les moyens de prendre de bonnes décisions, en autonomie.

Si vous êtes motivé, ouvert d'esprit, prêt à remettre en question certaines habitudes, vous pourrez transformer votre situation plus vite que vous ne l'imaginez.

Pas en un claquement de doigts. Pas sans effort.

Mais avec méthode, constance, et une meilleure compréhension de vous-même, vous pouvez créer un avenir financier stable, solide, maîtrisé.

Même si c'est dur, il le faut.
Votre éveil commence maintenant.

AUTOBIOGRAPHIE – L'ÉVEIL

Je suis né dans une famille où l'argent n'a jamais vraiment été un sujet de conversation... mais toujours une présence silencieuse. Mes parents faisaient attention, se débrouillaient comme ils pouvaient, mais la réalité était simple, il n'y avait pas beaucoup d'argent.

Pas de vacances, pas de dépenses superflues, pas de « on verra le mois prochain ».
Chaque fin de mois ressemblait à un checkpoint difficile à franchir.

Je me souviens encore des courses du mois, un plein de caddie unique, qu'on essayait d'étirer autant que possible. On faisait avec ce qu'on avait, et mes parents faisaient de leur mieux... même si ce "mieux" reposait souvent sur des décisions imparfaites ou des erreurs qu'ils n'avaient jamais apprises à éviter.

Très jeune (7, peut-être 8 ans) j'ai compris que la situation était fragile. Cette compréhension a façonné une partie de ma personnalité : je ne demandais jamais rien.
Je savais que réclamer un paquet de cartes Pokémon, un jouet, ou n'importe quelle envie d'enfant, voulait dire enlever plusieurs dizaines d'euros à ma famille. Alors je me taisais, et je faisais avec.

Et malgré tout... je n'ai jamais manqué de rien. C'est paradoxal, mais c'est vrai.
J'ai grandi entouré de débrouille, et surtout de cette leçon silencieuse :

"Quand tu ne comprends pas l'argent… c'est lui qui décide pour toi."

En grandissant, j'ai compris que pour m'en sortir, il faudrait que je construise mes propres outils. Étudiant à Grenoble, j'ai vécu cette réalité de plein fouet.
Peu d'argent, des choix difficiles, des mois serrés, et l'obligation de me débrouiller.

J'ai appris à optimiser chaque euro, à utiliser BlaBlaCar pour réduire mes frais, à faire des courses intelligentes, à accepter que le confort viendrait plus tard.

C'était une période compliquée, mais une école de vie incroyable.
C'est aussi là que j'ai compris que si je voulais sortir du cycle financier que j'avais connu dans mon enfance, personne n'allait le faire à ma place.

Ma première entrée dans l'investissement a été maladroite, presque naïve.
Je n'avais pas de gros revenus, pas d'épargne confortable, pas de réseau.
Mais j'avais un besoin vital de comprendre ce système qui avait limité ma famille pendant des années.

Alors j'ai lu, appris, testé, fait des erreurs.
Petit à petit, j'ai développé une logique, une méthode, une vision.
Ce qui avait été un monde obscur et intimidant est devenu un terrain que je pouvais enfin explorer.

Ce chemin m'a conduit par la suite vers un diplôme en finance. Pas par prétention, pas par tradition familiale, mais par nécessité.
Je voulais maîtriser ce que mes parents n'avaient jamais eu la chance d'apprendre.
Je voulais comprendre les règles du jeu… pour ne plus jamais en être victime.

J'ai écrit ce livre pour les personnes comme ma famille.

Pour la classe moyenne, les revenus modestes, ceux qui font de leur mieux mais n'ont jamais reçu les bonnes clés.

Pour ceux qui pensent que "ce n'est pas pour eux", que "la bourse c'est dangereux", ou que "l'argent, c'est compliqué".

Parce que j'ai moi-même connu les fins de mois difficiles (et même les débuts de mois d'ailleurs).

Parce que j'ai moi-même vécu la frustration de ne pas comprendre.

Parce que j'ai connu le silence qu'on garde quand on n'ose pas demander.

Et surtout parce que j'ai découvert que la liberté financière n'est pas réservée aux riches. Elle est réservée à ceux qui comprennent comment elle fonctionne.

Ce livre est l'aboutissement de mon propre éveil financier.

J'y ai mis mon histoire, mes erreurs, mes apprentissages, et tout ce que j'aurais aimé que l'on donne à mes parents il y a 30 ans.

Si je peux éviter à quelqu'un les mêmes problèmes, alors ce livre aura servi.

PARTIE
1

LES FONDAMENTAUX DE L'ARGENT

Avant de parler de budget, d'investissement ou de liberté financière, il faut d'abord comprendre l'argent lui-même.

D'où vient-il ? Pourquoi a-t-il de la valeur ? Pourquoi est-il si difficile à gérer pour la majorité des gens ?

La plupart des difficultés financières ne viennent pas d'un manque d'intelligence ou d'efforts, mais d'un manque d'éducation sur l'argent.

Cette première partie a pour but de vous donner le socle mental qui permettra à tout le reste du livre d'avoir du sens.

Depuis l'origine des civilisations, les humains ont cherché des moyens d'échanger de la valeur. Après le troc, les sociétés sont passées à des objets reconnus (coquillages, métaux, puis or et argent).

Avec le temps, on a simplifié le système, les États ont créé des monnaies officielles, d'abord adossées à l'or, puis totalement indépendantes de tout métal précieux (ce qu'on appelle la monnaie "fiduciaire", celle que vous utilisez aujourd'hui).

L'argent n'a de valeur que parce que tout le monde accepte qu'il en a. C'est un système basé sur la confiance, les règles économiques… et nos comportements humains.

L'argent n'est pas qu'un outil de paiement, c'est un élément psychologique, social, émotionnel.

Nous prenons rarement des décisions financières rationnelles, nous réagissons, nous imitons, nous avons peur, nous espérons.

C'est pour cela que certaines personnes dépensent sous le coup de l'émotion, d'autres évitent les comptes bancaires par peur, beaucoup pensent que "l'investissement est trop risqué" alors que l'inflation l'est bien davantage. Comprendre l'argent, c'est comprendre son propre comportement.

Voici quelques réalités essentielles à connaître :
- La valeur de votre argent diminue chaque année (inflation).
- Les dettes ont un coût invisible qui peut vous piéger pendant des dizaines d'années.
- Ne pas investir est un risque bien plus grand que d'investir raisonnablement.
- Votre niveau de vie dépend plus de vos habitudes que de votre salaire.
- Les richesses se construisent lentement, pas en cherchant des raccourcis.

Comprendre ces principes évite 80 % des erreurs financières communes.

Dans cette première partie, nous allons explorer :
- comment nos croyances façonnent nos décisions,
- les mécanismes économiques essentiels (inflation, intérêts, valeur, rareté),
- les pièges classiques de la classe moyenne,
- les comportements qui mènent au stress financier,
- les fondations mentales nécessaires pour bâtir un avenir financier solide.

Pas de théorie compliquée. Pas de termes techniques inutiles.
Juste le nécessaire, présenté clairement, pour que vous compreniez enfin l'argent sans confusion.

Parce que si vous comprenez comment fonctionne l'argent, vous pouvez comprendre comment il peut fonctionner pour vous.

L'ARGENT ET VOUS

"L'argent ne fait que du bien à ceux qui en savent user."
Pierre Corneille

L'argent occupe une place singulière dans nos vies. Il n'est jamais loin, qu'il s'agisse d'une décision d'achat, d'un projet, d'un rêve ou d'une inquiétude. Pourtant, malgré son rôle central, notre relation à l'argent reste souvent implicite, héritée, floue.

On l'utilise chaque jour sans vraiment comprendre son influence profonde sur nos choix et sur notre manière de vivre.

Ce premier chapitre a pour ambition de clarifier ce lien. Avant de parler de gestion, d'investissement ou d'objectifs financiers, il est essentiel de prendre un recul sincère sur ce que représente l'argent pour vous, sur la place qu'il occupe dans votre quotidien, et sur le contexte économique dans lequel vous évoluez. Sans cette compréhension, le reste n'aurait pas de sens.

L'argent comme reflet de soi

Contrairement à l'idée que l'on s'en fait, l'argent ne se résume pas aux chiffres qui s'affichent sur un compte bancaire. Il porte en lui des significations profondes, parfois inconscientes. Il peut symboliser la sécurité, l'indépendance, la capacité à agir, mais aussi la peur du manque, la pression sociale ou le souvenir d'un passé difficile.
L'argent ne change pas notre personnalité. Il amplifie ce qui est déjà présent.

C'est pourquoi deux individus placés dans la même situation financière peuvent vivre des expériences radicalement différentes. Les trajectoires d'Oprah Winfrey et de Mike Tyson en sont des illustrations frappantes.

Oprah n'a jamais considéré l'argent comme un objectif en soi. Il était pour elle un moyen de créer, d'aider, de transformer. Cette vision lui a permis de l'utiliser comme un levier au service de ses ambitions profondes.

Mike Tyson, en revanche, a vu l'argent affluer dans sa vie à une vitesse exceptionnelle. Pourtant, sans cadre, sans repères, sans compréhension de sa propre relation à l'argent, cette richesse a alimenté le désordre plutôt que la stabilité.

L'argent ne protège pas d'une mauvaise direction. Il ne corrige pas les failles. Il révèle simplement ce qui existe déjà.

Un monde économique qui façonne votre réalité

Pour comprendre votre rapport à l'argent aujourd'hui, il faut comprendre le monde dans lequel il s'exprime. Et ce monde a considérablement changé en quelques décennies.

Les règles du jeu ne sont plus les mêmes, et il serait injuste d'évaluer vos finances à partir des standards du passé.

Les trente à quarante dernières années ont vu se produire une transformation profonde du niveau de vie et de la structure économique.

L'inflation : la hausse silencieuse

Les prix augmentent, parfois lentement, parfois brutalement, mais toujours avec la constance suffisante pour éroder progressivement le pouvoir d'achat. Ce que l'on pouvait acheter avec dix euros il y a vingt ans n'a rien à voir avec ce que l'on peut acheter aujourd'hui.

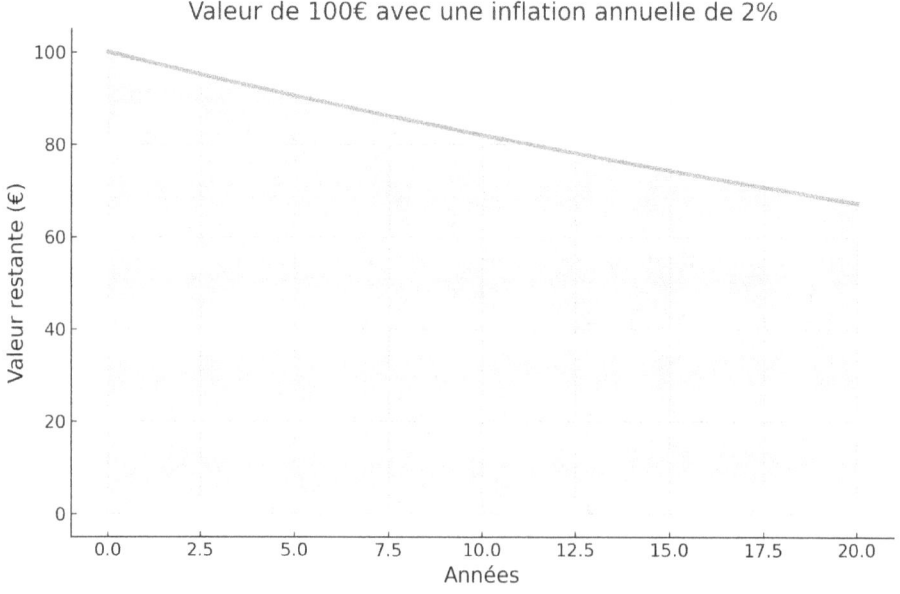

Source : INSEE – Indice des prix à la consommation (base 100).

Ce graphique montre comment l'inflation érode progressivement la valeur réelle de l'argent. Avec une inflation annuelle de 2 %, un billet de 100 € ne vaut plus que 82 € environ au bout de dix ans, et à peine 67 € au bout de vingt ans. Bien que la somme nominale reste la même, son pouvoir d'achat diminue année après année.

Ce phénomène rappelle une réalité essentielle : ne pas investir, c'est déjà perdre de l'argent, car l'inflation agit comme une force silencieuse qui réduit la valeur de l'épargne laissée immobile.

L'immobilier : un fossé grandissant

L'immobilier est devenu, dans de nombreuses régions, un bien difficile d'accès. En quelques décennies, les prix ont augmenté bien plus vite que les revenus. Là où nos parents pouvaient envisager l'achat d'une maison en travaillant quelques années, il faut aujourd'hui souvent des décennies d'effort, dans un contexte de crédit plus strict et de coûts fixes plus élevés.

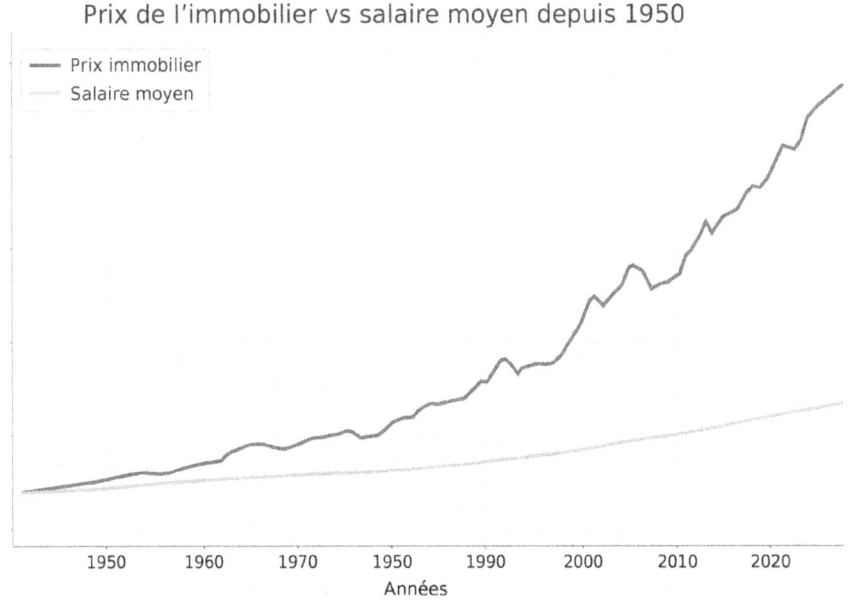

Source : INSEE – Évolution des salaires nets moyens / Banque de France – Indices des prix de l'immobilier résidentiel.

Ce graphique illustre le décrochage historique entre les salaires et les prix de l'immobilier. On y voit nettement que, dès la seconde moitié du XXᵉ siècle, les courbes cessent de progresser au même rythme. Les revenus suivent une trajectoire lente et stable, tandis que l'immobilier entame une ascension beaucoup plus abrupte. Ce décalage crée un écart structurel, chaque décennie rend l'achat d'un bien proportionnellement plus coûteux par rapport au revenu moyen. Le graphique souligne ainsi que: même lorsque les salaires augmentent, ils ne compensent plus la vitesse à laquelle le marché immobilier s'apprécie.

Les salaires : une progression insuffisante

Comme dit précédemment, même si les salaires ont augmenté en apparence, ils n'ont pas suivi le rythme de l'inflation ni celui du coût de la vie. Le salaire moyen actuel permet d'acheter moins de choses qu'à l'époque où le coût des dépenses essentielles était bien plus modéré.

Le pouvoir d'achat réel : un recul marqué

Les chiffres sont clairs, malgré des revenus légèrement plus élevés, le pouvoir d'achat réel a diminué. Les factures sont plus nombreuses, les dépenses contraintes plus lourdes, et les marges de manœuvre plus faibles.

Quelques exemples :
En 2023, le salaire net moyen des salariés du secteur privé a augmenté, mais une fois corrigé de l'inflation, il est simplement revenu au niveau de 2019.
De 2022 à 2023, pour de nombreux ménages, l'augmentation des prix a absorbé, voire dépassé, les gains salariaux, entraînant une perte de pouvoir d'achat net.
Même si en 2024 le pouvoir d'achat global des ménages a légèrement progressé (+1,8 %), cette hausse reste marginale, et n'efface pas plusieurs années de hausse marquée des dépenses contraintes.
Ces chiffres confirment que: malgré des revenus nominaux plus élevés, beaucoup achètent aujourd'hui moins qu'il y a quelques années, ce qui rend

la gestion financière, l'épargne ou l'investissement plus difficiles qu'il n'y paraît.

La difficulté financière de la classe moyenne est structurelle, pas personnelle.

Ce que beaucoup lisent comme un manque de discipline ou comme un échec individuel n'est souvent que la conséquence d'un environnement devenu exigeant, instable et plus onéreux à chaque génération.
Ce n'est pas vous qui gérez mal. Ce sont les paramètres autour de vous qui ont changé.

Comprendre cela n'enlève pas votre responsabilité, mais cela retire une culpabilité inutile. Cette compréhension est le premier pas vers une approche plus lucide de vos finances.

Une citation de Robert Kiyosaki, auteur du best-seller "Père riche, Père pauvre," résume parfaitement la situation : "L'argent est le reflet de votre pensée, de vos valeurs, de vos habitudes et de vos comportements." Votre relation avec l'argent est le reflet de qui vous êtes, et il est en votre pouvoir de la transformer en un atout pour votre succès financier.

L'argent en tant que concept

L'argent est une entité complexe. Nous le manions au quotidien, nous nous battons pour en gagner plus, et nous nous inquiétons de ne pas en avoir assez. Il est le moteur de nos économies, le symbole de la réussite, et parfois, une source de stress et de conflits. Mais qu'est-ce que l'argent, au fond ? Au-delà des billets de banque, des pièces de monnaie et des chiffres sur nos comptes, que représente-t-il en tant que concept ?

Imaginez un instant que vous soyez le dernier être humain sur Terre. Dans un monde sans société, sans commerce ni économie, l'argent perd instantanément sa signification. Vous pourriez posséder tous les lingots d'or du monde, mais ils ne vous seraient d'aucune utilité. Pourquoi ? Parce que la valeur de l'argent réside essentiellement dans une convention collective, une croyance partagée par une société donnée.

L'argent, que ce soit sous forme de billets, de pièces ou de chiffres sur un écran, est un outil de confiance. C'est un moyen par lequel nous mesurons la valeur des biens et des services que nous échangeons. Sans la confiance que chacun de nous a en ce système, l'argent n'aurait aucune valeur réelle. C'est ce que l'on entend par "l'argent en tant que concept."

Pour mieux comprendre cette notion, examinons l'histoire de la monnaie. Les sociétés humaines ont utilisé divers objets comme monnaie au fil des siècles, allant des coquillages aux métaux précieux. Par exemple, le cuivre et l'argent étaient couramment utilisés dans de nombreuses civilisations anciennes en raison de leur relative rareté et de leur durabilité. Ces métaux sont devenus des formes acceptées de monnaie en raison de leur valeur intrinsèque, mais aussi de la confiance que la société leur accordait.

Cependant, avec l'avènement des systèmes bancaires et des monnaies papier, l'argent a pris une forme plus abstraite. Aujourd'hui, nous utilisons principalement de l'argent électronique pour effectuer nos transactions, un simple chiffre dans un ordinateur qui représente une unité monétaire. Cette transition vers la monnaie électronique souligne encore davantage le rôle de la confiance dans la valeur de l'argent.

Prenons un autre exemple : les crypto-monnaies, telles que le Bitcoin. Le Bitcoin n'a pas de forme physique, pas de métal précieux ni de billets à échanger. Il est purement numérique, basé sur une technologie de chaîne de blocs (blockchain) qui assure sa sécurité et sa traçabilité. La valeur du Bitcoin repose entièrement sur la confiance que ses utilisateurs ont dans son intégrité et sa capacité à servir de moyen d'échange. Cette crypto-monnaie démontre de manière frappante comment la confiance et la convention jouent un rôle essentiel dans la valeur de l'argent.

En fin de compte, l'argent en tant que concept est un puissant reflet de nos croyances, de nos valeurs et de nos choix collectifs en tant que société. Il est influencé par notre histoire, notre culture, nos politiques, et même nos rêves. C'est pourquoi il est essentiel de comprendre que l'argent n'a pas de valeur intrinsèque, mais qu'il gagne sa valeur grâce à notre conviction collective en sa signification.

En comprenant cette dimension de l'argent, nous pouvons prendre du recul par rapport aux soucis financiers et aux pressions sociales. Nous pouvons commencer à voir l'argent comme un outil à notre service, un instrument que nous pouvons utiliser pour atteindre nos objectifs, au lieu de le considérer comme une fin en soi.

L'importance de comprendre la psychologie de l'argent

Pourquoi est-ce si essentiel ? Parce que, bien que l'argent soit un concept abstrait, il a un impact très concret sur notre quotidien. Voici quelques raisons pour lesquelles la compréhension de la psychologie de l'argent est un atout précieux.

Prise de Décisions Financières Éclairées

Comprendre comment votre psychologie influence vos décisions financières vous permet de prendre des décisions plus éclairées. Par exemple, si vous avez des croyances limitantes qui vous empêchent d'investir, vous pouvez travailler sur ces croyances pour vous sentir plus à l'aise avec la prise de risques financiers calculés. Cela peut vous aider à augmenter vos chances de succès dans vos investissements.

Gestion des Émotions liées à l'Argent

L'argent est souvent lié à des émotions puissantes telles que la peur, la culpabilité, la frustration et le désir. Comprendre comment ces émotions influencent vos choix financiers vous permet de mieux les gérer. Vous pouvez développer des stratégies pour éviter que la peur ou l'avidité ne vous poussent à prendre des décisions impulsives.

Planification et Objectifs Financiers

La psychologie de l'argent joue un rôle majeur dans la planification de vos objectifs financiers à long terme. En comprenant vos croyances, vos émotions et vos comportements liés à l'argent, vous pouvez élaborer un plan financier qui soit en harmonie avec vos valeurs et aspirations. Cela renforce votre motivation à suivre ce plan.

Réduction du Stress Financier

Le stress financier est une source majeure d'anxiété pour de nombreuses personnes. Comprendre la psychologie de l'argent vous permet de réduire ce stress en adoptant des pratiques financières saines et en développant une relation plus saine avec l'argent. Vous pouvez ainsi éviter les crises financières inutiles et mieux gérer les défis financiers qui se présentent.

Relation avec les Autres

L'argent joue souvent un rôle dans nos relations avec les autres, que ce soit dans le cadre familial, amical ou professionnel. En comprenant votre propre psychologie de l'argent, vous pouvez également mieux comprendre les motivations et les comportements financiers des autres. Cela peut améliorer vos relations et votre capacité à gérer les conflits liés à l'argent.

Croissance Financière Continue

La compréhension de la psychologie de l'argent ne se limite pas à résoudre des problèmes financiers existants, mais elle favorise également une croissance financière continue. Elle vous permet d'adapter et d'améliorer constamment votre approche financière en fonction de vos besoins changeants et de vos objectifs en évolution.

Une citation de Warren Buffett, célèbre investisseur, résume bien l'importance de la compréhension de la psychologie de l'argent : "Le plus grand investissement que vous puissiez faire est en vous-même." En investissant du temps et de l'effort pour comprendre votre propre psychologie financière, vous faites un pas essentiel vers une meilleure gestion de votre argent, une plus grande stabilité financière et un avenir plus épanoui.

Fil Rouge - Mon Parcours

Quand je repense à mon enfance, je réalise que ma relation à l'argent s'est construite sans que je m'en rende compte. J'ai grandi dans un foyer où l'on faisait attention, où chaque dépense comptait, où les fins de mois étaient une réalité plus qu'une expression.

Plus tard, je voyais l'argent comme quelque chose qu'il fallait simplement "gérer", sans comprendre que ma manière d'en parler, de l'utiliser ou de l'éviter venait d'un conditionnement bien plus profond. Ce n'est que lorsque j'ai commencé à payer mes premières charges, mes premiers loyers, que j'ai pris conscience de la place immense que l'argent occupait déjà dans ma vie.

Je me souviens d'une période où je notais chaque dépense sur mon téléphone, non pas par discipline, mais par peur. Peur de manquer, peur de mal faire, peur de me tromper. Cette peur était devenue une habitude. Mais au fil du temps, j'ai compris que l'argent n'était pas l'ennemi. C'était mon ignorance qui l'était.

La première étape de mon éveil financier a été d'accepter que je devais comprendre cet outil pour en faire un allié. Et tout a véritablement commencé le jour où j'ai décidé d'arrêter de subir l'argent pour commencer à le comprendre.

LES CROYANCES FINANCIÈRES

"L'argent est un bon serviteur et un mauvais maître."
Alexandre Dumas

L'argent n'est pas seulement une réalité économique. C'est une histoire que l'on se raconte. Chacun d'entre nous vit avec un ensemble de convictions, de règles implicites, de phrases entendues dans l'enfance, d'expériences marquantes qui façonnent notre manière de gagner, de dépenser, d'épargner ou d'investir.

Ces croyances financières forment une architecture invisible. Elles influencent nos choix autant (parfois plus) que nos connaissances ou nos compétences. Elles déterminent ce que nous pensons mériter, ce que nous pensons possible, ce que nous pensons réaliste.

Ce deuxième chapitre vous invite à prendre conscience de ces mécanismes silencieux.
Il vous montrera comment vos croyances se sont construites, comment elles ont guidé vos décisions jusqu'à aujourd'hui, et comment les remanier peut transformer votre avenir financier.

L'influence de votre éducation sur vos croyances financières

Pour comprendre pleinement vos croyances financières, il est essentiel de se pencher sur l'influence que l'éducation a sur la manière dont nous percevons l'argent et la gestion financière. L'éducation, qu'elle soit formelle ou informelle, est le terreau fertile où nos premières notions sur l'argent prennent racine. Elle jette les bases de nos attitudes et de nos croyances financières qui nous accompagnent tout au long de notre vie.

L'éducation formelle

L'éducation formelle comprend les enseignements que nous recevons à l'école, à l'université, ou par le biais de cours spécifiques. Elle est souvent structurée et guidée par des programmes éducatifs établis. C'est à travers l'éducation formelle que nous acquérons des compétences mathématiques et de base en économie, et que nous apprenons les principes de gestion financière.

Cependant, la manière dont ces sujets sont abordés dans le système éducatif varie considérablement. Certaines écoles mettent l'accent sur l'éducation financière en intégrant des programmes d'éducation financière dans leur cursus, tandis que d'autres n'offrent que des notions rudimentaires sur le sujet. Lorsque l'éducation formelle ne parvient pas à fournir une base solide en matière de gestion financière, les individus peuvent être laissés à eux-mêmes pour combler ces lacunes.

L'éducation informelle

L'éducation informelle, en revanche, se produit dans notre environnement quotidien. Elle découle des conversations avec nos parents, de l'observation des comportements financiers de nos proches, des expériences que nous vivons et des médias auxquels nous sommes exposés. Nos proches, en particulier nos parents, jouent un rôle essentiel dans la formation de nos croyances financières.

Si vos parents parlaient ouvertement d'argent et de gestion financière, vous avez peut-être acquis de précieuses compétences financières dès un jeune âge. Vous avez pu apprendre à gérer un budget, à épargner et à investir. En revanche, si l'argent était un sujet tabou à la maison, il se peut que vous ayez grandi avec des croyances limitantes sur l'argent, telles que "l'argent est sale" ou "l'argent ne fait pas le bonheur."

Les expériences personnelles, telles que des difficultés financières, des succès, ou même des erreurs financières, contribuent également à forger nos croyances financières. Par exemple, si vous avez fait un investissement qui s'est avéré fructueux, cela peut renforcer votre confiance dans vos compétences financières. À l'inverse, une période de surendettement peut créer des croyances limitantes sur la capacité à gérer l'argent.

Le poids du contexte culturel

Nos croyances personnelles sont fortement influencées par la culture dans laquelle nous avons grandi. L'argent n'a pas le même rôle, le même statut ni la même symbolique selon les pays.

En Europe : la prudence et la mesure
La culture financière européenne, notamment en France, est marquée par une méfiance envers la richesse ostentatoire, une valorisation de la stabilité, une croyance profonde que « l'argent se gagne par l'effort » et une tendance à préférer l'épargne à l'investissement.
Ici, l'enrichissement rapide est souvent suspect.
Le risque est perçu comme dangereux plutôt que comme une opportunité.

Aux États-Unis : l'argent comme symbole de réussite

Dans la culture américaine, la réussite financière est valorisée, le risque est encouragé, l'échec est normalisé, l'ambition est un trait positif.

L'argent n'est pas tabou, il est perçu comme une mesure de la performance et de la liberté. Ce contexte culturel favorise naturellement la prise de décision entrepreneuriale.

En Asie : l'argent comme sécurité et prestige familial

Dans de nombreux pays asiatiques la stabilité financière est un devoir, l'argent est souvent lié à la famille, l'épargne est extrêmement valorisée, la réussite académique et professionnelle sert de base à la prospérité.

La prudence domine, mais l'ambition professionnelle est très forte, car elle sert le groupe avant l'individu.

En Afrique : l'argent comme outil communautaire

En Afrique subsaharienne, l'argent occupe parfois un rôle plus social que personnel, notamment car l'entraide prime, le partage est valorisé, la réussite individuelle rejaillit sur la communauté, le collectif influence fortement les comportements financiers.

Ces systèmes créent des priorités différentes et un rapport plus fluide à la notion de richesse.

Votre vision de l'argent n'est pas seulement personnelle.

Elle est l'héritière d'un pays, d'une époque, d'un milieu social, de traditions familiales, et de normes implicites.

Comprendre cela, c'est comprendre que votre rapport à l'argent n'est pas une fatalité, mais un conditionnement.

Identifier et remettre en question les croyances limitantes

L'une des étapes les plus cruciales pour transformer vos croyances financières est d'identifier les croyances limitantes qui peuvent entraver votre réussite financière. Les croyances limitantes sont ces idées négatives et restrictives que nous avons intégrées au fil du temps et qui nous empêchent de réaliser notre plein potentiel financier.

L'impact des croyances limitantes

Les croyances limitantes sont souvent insidieuses. Elles peuvent se cacher dans les coins sombres de votre esprit, vous influencer sans que vous en ayez conscience. Par exemple, vous pourriez croire que "l'argent est la source de tous les maux," ce qui vous inciterait inconsciemment à saboter vos propres efforts pour gagner de l'argent. Ou vous pourriez penser que "seuls les riches peuvent devenir riches," ce qui vous amènerait à limiter vos ambitions financières.

Les croyances limitantes peuvent se manifester de diverses manières. Elles peuvent vous pousser à éviter les investissements par peur de l'échec, à ne pas demander une augmentation de salaire que vous méritez, ou à ne pas poursuivre vos rêves entrepreneuriaux. En comprenant ces croyances limitantes et en les exposant à la lumière, vous pouvez commencer à les remettre en question.

Le processus d'identification

Pour identifier vos croyances limitantes, il est utile de prendre un moment de réflexion. Pensez à des situations financières ou des décisions que vous avez évitées ou qui vous ont causé de l'anxiété. Essayez de déterminer les croyances sous-jacentes qui ont contribué à ces émotions.

Un journal financier peut également être un bon outil pour identifier ces croyances. Notez vos pensées et émotions chaque fois que vous êtes confronté à une décision financière importante. Par exemple, si vous hésitez à investir dans une opportunité, notez ce qui vous traverse l'esprit. Vous pourriez découvrir des croyances telles que "je vais tout perdre" ou "je ne suis pas assez intelligent pour investir."

Remettre en question et transformer les croyances limitantes

Une fois que vous avez identifié vos croyances limitantes, la prochaine étape est de les remettre en question. Posez-vous des questions comme :

D'où vient cette croyance ?
Quel parent, quelle phrase, quel moment, quelle expérience l'a implantée ?

Est-elle vraie ?
La plupart ne reposent sur aucune réalité objective.

En quoi m'a-t-elle protégé ?
Certaines croyances limitantes ont servi un temps. Elles ne sont plus adaptées aujourd'hui.

Que se passerait-il si je cessais d'y croire ?
La réponse à cette question ouvre la porte au changement

Le but de cette démarche est de vous aider à réaliser que vos croyances limitantes ne sont pas des vérités incontestables, mais des constructions mentales qui peuvent être modifiées. Vous pouvez les remplacer par des croyances plus positives et constructives.

L'identification et la remise en question des croyances limitantes sont des étapes essentielles pour transformer votre relation avec l'argent. Cela vous permet de vous libérer des chaînes de la peur, du doute et de la restriction financière.

Développer des croyances positives concernant l'argent

Maintenant que nous avons exploré la manière d'identifier et de remettre en question les croyances limitantes, passons à l'étape suivante : le développement de croyances positives concernant l'argent. Ces croyances sont la clé pour libérer votre potentiel financier et bâtir une relation saine avec l'argent.

L'importance des croyances positives

Les croyances positives sont une source de motivation et d'optimisme. Elles renforcent votre confiance en vos compétences financières et vous aident à persévérer face aux défis financiers. Plutôt que de voir l'argent comme un obstacle insurmontable, vous le percevez comme un outil puissant pour réaliser vos rêves.

Une croyance financière positive courante est que "l'argent est abondant et disponible pour moi." Cette croyance favorise une attitude d'ouverture aux opportunités financières et de recherche de solutions créatives aux problèmes financiers.

Quelques exemples supplémentaires :
« L'argent est un outil, et je peux apprendre à l'utiliser »
« Je mérite la stabilité et la réussite »
« Je peux acquérir les compétences financières qui me manquent »
« L'abondance n'est pas réservée aux autres »
« Je progresse à chaque décision, même imparfaite »

Le but n'est pas de se convaincre artificiellement, mais d'adopter un regard plus juste. La connaissance renforce ces croyances, la pratique les stabilise et les résultats les solidifient.

Comment développer des croyances positives

Le développement de croyances positives concernant l'argent nécessite une certaine réflexion et pratique. Voici quelques étapes pour vous aider à cultiver ces croyances :

- Prenez conscience de vos pensées et croyances actuelles concernant l'argent. Notez les moments où vous vous surprenez à penser de manière négative, puis remettez ces pensées en question.

- Cherchez des preuves qui contredisent vos croyances limitantes. Par exemple, si vous croyez que "l'argent est difficile à gagner", souvenez-vous de moments où vous avez gagné de l'argent relativement facilement. Ces preuves peuvent vous aider à affaiblir vos croyances limitantes.

- Utilisez des affirmations positives pour répéter des croyances financières souhaitées. Par exemple, "Je suis capable de gérer mon argent de manière intelligente" ou "L'argent est une ressource abondante dans ma vie." Plus vous répétez ces affirmations, plus elles s'enracineront dans votre esprit.

- Visualisez-vous vivre la vie que vous souhaitez grâce à une relation positive avec l'argent. Créez des images mentales de succès financier et de réalisation de vos objectifs.

- Éduquez-vous sur la gestion financière, les investissements, et la création de richesse. Plus vous en savez sur ces sujets, plus vous serez en mesure de développer des croyances positives basées sur des connaissances solides.

La puissance des croyances positives

Les croyances positives concernant l'argent sont comme un vent favorable qui propulse votre navire vers le succès financier. Elles renforcent votre détermination à surmonter les obstacles et à persévérer face aux défis. Comme l'a dit Zig Ziglar, un célèbre auteur en développement personnel, "Votre attitude, plus que votre aptitude, déterminera votre altitude."

En développant des croyances positives et en remplaçant les croyances limitantes, vous transformez votre relation avec l'argent. Vous commencez à voir les opportunités au lieu des obstacles, à vous sentir en contrôle plutôt qu'impuissant, et à agir avec confiance pour réaliser vos aspirations financières.

Voici des exemples de croyances limitantes et comment les remplacer :

LES DIFFFÉRENTES CROYANCES	
Limitantes	**Aidantes**
L'argent, c'est sale	L'argent est un outil, pas une identité
Je suis nul en finance	Je suis responsable de mon futur financier
Il faut être né dans une famille riche pour réussir	Chaque euro a un pouvoir si je l'utilise intelligemment
Investir, c'est trop risqué	Investir est un apprentissage, pas un pari
On ne peut pas épargner quand on gagne peu	Je peux améliorer ma situation, même avec peu

Fil rouge - Mon Parcours

Je n'ai pas grandi dans un environnement où l'on parlait d'ambition financière. Non pas par manque d'envie, mais parce qu'on ne connaissait pas d'autre voie que celle du "faire attention" et "trouver un CDI". Pendant des années, j'ai cru que cette prudence était la seule manière correcte d'avancer. Je pensais que l'argent devait être un sujet discret.

La première fois que j'ai remis en question une croyance financière, c'était lors d'un échange avec un collègue de la fac qui voyait l'argent comme une ressource renouvelable, pas comme une menace. Sa vision m'a profondément déstabilisé. Je réalisais que ma manière de penser n'était pas universelle. J'avais adopté des croyances que je n'avais jamais choisies.

Petit à petit, j'ai commencé à observer mes propres réflexes, pourquoi j'avais du mal à dépenser pour moi, pourquoi investir me semblait réservé aux autres, pourquoi je me sous-évaluait parfois sur mes compétences.

Le jour où j'ai compris que mes croyances n'étaient pas des vérités, j'ai aussi compris qu'elles n'avaient pas à définir ma vie. Les déconstruire n'a pas été simple, mais cela a été libérateur. Changer mes croyances a été l'un des premiers actes de véritable liberté financière.
Ce que j'ai déconstruit, vous pouvez le déconstruire aussi.

L'ARGENT COMME ÉMOTION

"L'argent ne peut acheter des amis, mais vous pouvez obtenir de meilleurs ennemis."
Spike Milligan

L'argent, bien plus qu'une simple unité de compte ou un moyen d'échange, est chargé d'émotions qui influencent chaque décision financière que nous prenons.

Les émotions liées à l'argent sont variées, allant de la peur à la joie, de la culpabilité à l'ambition. Chacune de ces émotions a un impact sur nos décisions financières, et la manière dont nous les gérons peut faire la différence entre le succès financier et les difficultés.

Contrairement à ce que l'on imagine, la plupart des décisions financières ne sont pas guidées par la logique, mais par ce que nous ressentons dans l'instant.
L'argent active en nous des mécanismes profonds (protection, survie, validation, liberté, sécurité). Il réveille nos faiblesses autant qu'il révèle nos forces.

Comprendre vos émotions face à l'argent, c'est comprendre pourquoi vous agissez comme vous le faites et pourquoi il vous arrive parfois d'aller contre vos propres intérêts. Sans cette compréhension, aucune stratégie financière, même la plus brillante, ne pourra tenir dans le temps.

Pourquoi l'argent touche autant l'émotionnel ?

L'argent cristallise plusieurs besoins fondamentaux notamment la sécurité, la reconnaissance, la liberté, la maîtrise, le statut social, l'appartenance...

Si l'argent est un langage universel, la manière dont il nous affecte ne l'est pas. Et c'est précisément parce qu'il touche à ce qui nous est vital qu'il déclenche des émotions si fortes.

Dans une société où les dépenses sont obligatoires (logement, énergie, transports, assurances), l'argent devient la matière première de la survie moderne.

Il n'est donc pas étonnant qu'il soit la cause de stress chronique, disputes dans les couples, anxiété quotidienne, décisions impulsives...

Plus l'argent est important pour l'avenir, plus il est chargé émotionnellement.

Les émotions liées à l'argent

Les émotions liées à l'argent sont aussi diverses que les situations financières que nous rencontrons. Certaines émotions peuvent être positives et motivantes, tandis que d'autres peuvent être négatives et paralysantes. Il est essentiel de comprendre ces émotions pour mieux gérer votre argent et prendre des décisions financières éclairées.

La Peur
La peur est l'une des émotions les plus courantes liées à l'argent. La peur de manquer d'argent, la peur de l'échec financier, la peur des dettes.
Toutes ces craintes peuvent nuire à votre tranquillité d'esprit et à votre capacité à prendre des décisions financières rationnelles. La peur peut vous

pousser à éviter les investissements, à accumuler de l'argent sans raison valable, ou à refuser de prendre des risques calculés qui pourraient vous enrichir.

La peur de perdre de l'argent trouve souvent sa source dans des croyances profondément ancrées, comme le fait de voir l'argent comme une ressource limitée ou de se souvenir d'échecs financiers passés.

Rester paralysé par cette peur conduit souvent à éviter toute forme de prise de risque, ce qui freine la croissance financière.
Par exemple, ne pas investir pour épargner "en toute sécurité" peut conduire à une érosion de la valeur de l'épargne à cause de l'inflation.

S'éduquer sur les risques et comprendre les mécanismes de gestion du risque (comme la diversification) aide à atténuer cette peur.
Apprendre à voir le risque comme une partie inévitable mais gérable du processus d'investissement permet de prendre des décisions plus éclairées.

La Culpabilité

La culpabilité est une émotion puissante qui peut surgir lorsque vous avez dépensé de l'argent d'une manière que vous jugez inappropriée. Peut-être avez-vous fait un achat impulsif, ou vous avez dépensé de l'argent destiné à autre chose.

La culpabilité peut vous amener à vous blâmer et à vous juger durement, ce qui peut nuire à votre estime de vous-même et à votre capacité à gérer votre argent de manière saine.

Le déni

Le refus de regarder ses dépenses, d'ouvrir ses relevés, de réfléchir à son avenir financier.
Le déni apaise sur le moment, mais aggrave tout sur le long terme.

Le besoin de contrôle

Ce besoin peut être sain ou excessif. Chez certains, il conduit à une peur de dépenser, même pour le strict nécessaire.

Le Désir

Le désir est une émotion complexe liée à l'argent. Il peut vous pousser à chercher le succès financier et à vous donner la motivation nécessaire pour atteindre vos objectifs. Cependant, un désir excessif de richesse peut également entraîner une quête obsessionnelle de l'argent au détriment d'autres aspects de votre vie, tels que la famille, la santé ou le bonheur.

D'autres Émotions Financières

Il existe de nombreuses autres émotions liées à l'argent. L'excitation lors d'un investissement fructueux, la frustration face à des dépenses inattendues, le soulagement en réalisant des économies significatives. Toutes ces émotions influencent nos décisions financières.

Ces émotions ne sont pas nécessairement bonnes ou mauvaises en soi, mais la manière dont vous les gérez peut avoir un impact significatif sur vos finances. Les émotions non maîtrisées peuvent entraîner des décisions impulsives, des achats excessifs ou une aversion au risque.

Comment vos émotions affectent vos décisions financières

Maintenant que nous avons identifié les émotions couramment associées à l'argent, plongeons dans la manière dont ces émotions influencent vos décisions financières.

La Prise de Décisions sous l'Emprise de l'Émotion

Lorsque vous prenez des décisions financières sous l'emprise de l'émotion, vous pouvez être en proie à des biais cognitifs qui nuancent votre jugement. Par exemple, la peur peut vous amener à vendre des investissements lorsqu'ils sont en baisse, par crainte de perdre davantage, alors que la sagesse financière pourrait suggérer de conserver ces investissements à long terme.

Le désir peut vous pousser à acheter des biens inutiles, même si cela signifie contracter des dettes. La culpabilité peut vous inciter à faire des dons excessifs, au détriment de vos propres besoins financiers.

La Problématique des Achats Émotionnels

Les achats émotionnels sont des dépenses impulsives dictées par l'émotion plutôt que par une réflexion rationnelle. Ils sont souvent le résultat d'un désir immédiat, d'un besoin de réconfort ou d'une recherche de gratification instantanée. Ces achats impulsifs peuvent rapidement faire dérailler un budget et entraîner des remords financiers.

La Gestion des Émotions Financières

La gestion des émotions liées à l'argent est un apprentissage continu. Il ne s'agit pas d'éliminer complètement les émotions de vos décisions financières, mais de les intégrer de manière consciente et équilibrée.

Les émotions financières suivent une structure répétitive :

Une pensée apparaît : "J'ai peur de manquer."

Cette pensée déclenche une émotion comme la peur, le stress, la culpabilité…

L'émotion déclenche un comportement : éviter, dépenser, procrastiner, se brader, paniquer.

Le comportement renforce la croyance initiale : "Je n'y arriverai jamais", "Je suis nul avec l'argent", "Je n'ai pas ce qu'il faut".

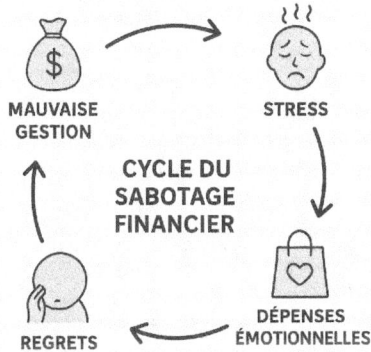

Cette image illustre parfaitement mes propos. La mauvaise gestion de vos finances engendre du stress, qui vous pousse à faire des dépenses émotionnelles. Plus tard, ces dépenses laisseront place au regret, c'est une boucle sans fin.

C'est ce que j'appelle **le cycle du sabotage financier.**
Si vous ne la comprenez pas, elle vous gouverne. Si vous la repérez, vous pouvez enfin en sortir.

Voici également un exemple concernant la réalité émotionnelle à laquelle tout individu est confronté lorsque le marché traverse des fluctuations financières :

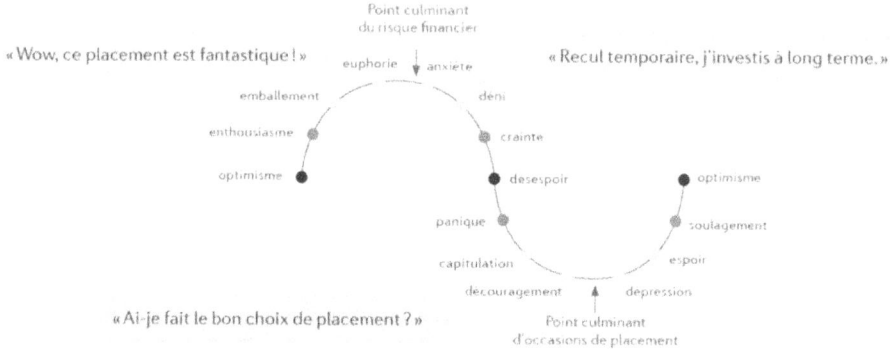

Source : Marks, H. (2018). *The most important thing: Uncommon sense for the thoughtful investor.*

Cette illustration montre qu'un investissement n'est jamais un simple mouvement de chiffres, mais un chemin psychologique rythmé par l'enthousiasme, l'euphorie, le doute, la peur, puis éventuellement la résignation avant un retour progressif vers la confiance. Cette courbe émotionnelle est universelle, qu'on soit débutant ou expérimenté, chacun traverse ces phases lorsqu'il est confronté à l'incertitude.

Comprendre ce cycle permet non seulement de normaliser ses propres réactions, mais aussi de mieux anticiper les moments où l'émotion risque de prendre le pas sur la raison.

C'est en reconnaissant ce mécanisme que l'on peut prendre des décisions plus lucides, résister aux impulsions destructrices et conserver une vision à long terme dans un environnement parfois déstabilisant.

Techniques pour gérer vos émotions liées à l'argent

La gestion des émotions liées à l'argent est essentielle pour prendre des décisions financières éclairées. Voici quelques techniques pratiques pour mieux gérer vos émotions financières :

- La méditation et la pleine conscience vous aident à vous ancrer dans le moment présent. Cela peut réduire le stress lié à l'argent en vous permettant de prendre du recul par rapport à vos émotions et de les observer sans jugement.

- Le stress est souvent lié à des émotions négatives concernant l'argent. Trouvez des moyens de gérer le stress, que ce soit par l'exercice, la relaxation, ou d'autres activités apaisantes.

- Discutez de vos préoccupations financières avec un ami, un conseiller financier ou un thérapeute. Parler de vos émotions peut les alléger et vous donner un point de vue extérieur.

- Plus vous en savez sur la gestion financière, plus vous vous sentirez en confiance pour prendre des décisions éclairées. L'éducation financière peut réduire l'anxiété liée à l'argent.

- Avoir un plan financier en place peut vous donner une direction claire. Vous saurez comment atteindre vos objectifs financiers, ce qui peut réduire les émotions négatives liées à l'argent (notamment combien vous pouvez dépenser au maximum pour les loisirs, les restaurants etc).

- Définir des objectifs financiers clairs et atteignables vous donne un sentiment de contrôle sur votre situation financière. Vous serez moins enclin à réagir émotionnellement aux fluctuations du marché ou aux dépenses inattendues.

- Avant de faire un achat impulsif, posez-vous la question de savoir si cet achat est lié à une émotion particulière. Prenez l'habitude de faire une pause et de réfléchir avant de dépenser de l'argent sous le coup de l'émotion. Prenez conscience de vos dépenses impulsives.

- Mettez en place des virements automatiques vers un compte d'épargne en début de mois, payez-vous en premier. Cela vous permet de mettre de l'argent de côté régulièrement sans avoir à prendre des décisions émotionnelles à chaque fois.

- Tenir un budget vous donne un aperçu clair de vos finances et de la manière dont vous dépensez votre argent. Cela peut réduire l'anxiété financière en vous aidant à planifier et à contrôler vos dépenses.

- Éduquez-vous constamment sur la gestion financière et les investissements. Plus vous en savez, plus vous vous sentirez confiant dans vos décisions financières.

La gestion des émotions liées à l'argent n'est pas une tâche facile, mais elle peut être maîtrisée avec la pratique et la persévérance. En utilisant ces techniques, vous pouvez transformer vos émotions financières en alliées plutôt qu'en obstacles, et prendre le contrôle de votre relation avec l'argent.

Fil rouge - Mon Parcours

Il m'a fallu du temps pour comprendre que l'argent n'était pas seulement une question de maîtrise, mais une question d'émotions. Pendant une période, je décidai souvent sous le coup du stress. J'évitais certaines dépenses essentielles, puis je compensais en achetant des choses inutiles. Ce n'était pas rationnel, mais c'était humain.

J'ai fait un vrai progrès le jour où j'ai accepté que mes émotions avaient leur mot à dire et que je devais les écouter avant d'agir, non les subir.

Apprendre à identifier ce que je ressentais face à l'argent m'a permis de faire des choix plus alignés, moins impulsifs, plus lucides.

Ce travail intérieur a changé bien plus que ma manière de dépenser, il a changé ma manière de vivre.

LES COMPORTEMENTS FINANCIERS

"L'argent est comme l'amour : il tue lentement et douloureusement celui qui le retient, et il vivifie l'autre qui le tourne à son gré."
Khalil Gibran

Les comportements financiers sont souvent la partie la moins visible de notre relation à l'argent. On parle souvent d'épargne, de budget, d'investissement… mais rarement de ces gestes du quotidien, presque innocents, qui finissent par façonner tout un parcours de vie.

Vos comportements financiers, les actions que vous entreprenez pour gérer votre argent au quotidien, sont ce qui façonne réellement votre situation financière. Que vous économisiez de l'argent, investissiez judicieusement, ou vous laissiez emporter par des dépenses impulsives, vos comportements ont un impact direct sur votre stabilité financière.

Les comportements financiers peuvent être un obstacle majeur ou un catalyseur de succès financier. En comprenant comment ils fonctionnent et comment les améliorer, vous vous donnerez un avantage considérable dans votre quête d'une vie financièrement épanouissante.

Parce que derrière chaque comportement financier, il y a une histoire, parfois une fatigue, parfois un manque d'information, parfois une émotion qui prend trop de place.

Les comportements typiques de la classe moyenne

La classe moyenne vit dans une tension permanente : assez pour vivre, rarement assez pour avancer.

C'est un équilibre fragile, un entre-deux où l'on fait au mieux, souvent avec des ressources limitées et un quotidien qui ne laisse pas beaucoup de marge de manœuvre.

C'est pour cela que certains comportements reviennent presque systématiquement.

Vivre "au mois"

Le salaire arrive, les factures tombent, les achats indispensables suivent... et on espère tenir jusqu'au mois suivant.

Ce n'est pas un manque de discipline, c'est une mécanique imposée par un système où tout coûte un peu plus chaque année.

Se consoler dans les petits plaisirs

Quand la vie pèse, on se rattrape avec ce qu'on peut. Un café, un repas extérieur, un petit achat... des gestes simples qui, sur le moment, apportent un bref soulagement. Mais ces instantanés deviennent parfois un piège discret.

Éviter de regarder la réalité financière

Beaucoup préfèrent ne pas ouvrir leur application bancaire. La peur de ce qu'on pourrait y trouver est souvent plus lourde que la réalité elle-même.

Reporter les décisions importantes

Changer de contrat d'assurance, renégocier un crédit, faire un point sur ses dépenses... On sait que c'est nécessaire (et même essentiel), mais le quotidien prend toute la place. Et l'on repousse encore, et encore.

Ces comportements ne sont pas des erreurs individuelles. Ils sont les conséquences logiques d'un environnement où les efforts ne suivent plus la réalité économique.

Les comportements impulsifs et compulsifs

Dans le monde des finances personnelles, les comportements impulsifs et compulsifs sont des ennemis redoutables. Ils peuvent faire dérailler même les plans financiers les mieux élaborés et saboter vos objectifs à long terme. Comprendre ces comportements est essentiel pour éviter les pièges financiers et prendre des décisions éclairées.

Les Comportements Impulsifs

Les comportements impulsifs se caractérisent par des actes spontanés et non réfléchis en matière d'argent. Ils sont souvent déclenchés par des émotions telles que le désir, la frustration, ou l'excitation. Les achats impulsifs en sont un exemple courant. Lorsque vous faites un achat impulsif, vous dépensez de l'argent sans planification préalable ou réflexion rationnelle. Ces achats peuvent varier de petites dépenses non budgétisées à des dépenses majeures qui affectent sérieusement vos finances.

Les comportements impulsifs peuvent également s'étendre à des décisions d'investissement. Par exemple, investir dans une entreprise ou un projet sans faire de recherches approfondies, simplement parce que vous avez entendu parler d'une opportunité "incroyable", peut être une décision financière impulsive qui peut entraîner des pertes.

Les Comportements Compulsifs

Les comportements compulsifs, en revanche, se caractérisent par la répétition de comportements nuisibles malgré des conséquences négatives évidentes. La compulsivité financière peut prendre différentes formes, telles que la surutilisation de cartes de crédit, la fréquentation excessive des jeux de hasard, ou l'accumulation de dettes incontrôlées.

Les comportements compulsifs peuvent être alimentés par des émotions telles que l'anxiété, la dépression, ou le désir d'échapper à des problèmes personnels. Ils peuvent rapidement devenir un cycle destructeur, entraînant des dettes insurmontables et un stress financier croissant.

Les addictions

Elles sont l'un des aspects les plus sous-estimés des difficultés financières. Non seulement elles coûtent cher, mais elles épuisent l'énergie mentale nécessaire pour avancer.

Cigarettes : l'argent qui brûle au sens propre
Un paquet par jour, c'est des milliers d'euros par an, sans parler de l'impact physique. En réalité, beaucoup ne fument plus par plaisir... mais par nécessité émotionnelle.

Alcool : le faux soutien
L'alcool apaise momentanément, mais détruit discrètement : sommeil, motivation, clarté mentale. Trois piliers essentiels pour gérer son argent disparaissent lentement.

Jeux d'argent : l'espoir qui coûte très cher
Les jeux exploitent la dopamine, l'illusion du coup de chance, la promesse de rattraper ce qu'on a perdu. On met une pièce dans l'espoir de changer sa vie... Et l'on finit par perdre un peu de soi à chaque mise.

Addictions modernes : la consommation émotionnelle
Livraisons compulsives, achats en ligne tard le soir, défilement sans fin sur les réseaux... Ces nouveaux automatismes coûtent moins par acte... mais beaucoup par répétition.

Les Conséquences de ces comportements

Bien sûr, les conséquences peuvent être dévastatrices sur le plan financier et émotionnel. Les dettes excessives, les difficultés à épargner, et la perte de contrôle sur vos finances sont des problèmes courants qui résultent de ces comportements.

De plus, les comportements impulsifs et compulsifs peuvent entraîner une détérioration des relations personnelles, des conflits familiaux, et une perte d'estime de soi. Vous pourriez vous sentir pris au piège dans un cycle de comportements financiers destructeurs, avec peu d'espoir de changement.

Cependant, il est important de noter que les comportements impulsifs et compulsifs ne sont pas une fatalité. Ils peuvent être modifiés et remplacés par des comportements plus sains.

L'importance de l'autodiscipline financière

Face aux comportements impulsifs et compulsifs, l'autodiscipline financière devient un atout essentiel pour préserver votre stabilité financière. L'autodiscipline implique la capacité à résister aux impulsions à court terme en faveur d'objectifs financiers à long terme. Voici comment développer cette compétence cruciale :

- Créez des règles claires pour vos finances. Par exemple, décidez de ne pas effectuer d'achats impulsifs de plus de X euros sans réfléchir pendant 24 heures. Ces règles agissent comme des garde-fous pour empêcher les dépenses impulsives.

- Un budget bien établi vous aide à suivre vos dépenses et à planifier en conséquence. Il vous permet de visualiser où va votre argent, ce qui peut réduire les comportements impulsifs.

- Identifiez les situations ou les environnements qui vous incitent à des comportements impulsifs ou compulsifs, et évitez-les autant que possible. Par exemple, si les soldes excessifs sont des déclencheurs d'achats impulsifs, limitez votre temps dans les centres commerciaux.

- Apprenez à gérer vos émotions de manière saine, car les émotions peuvent souvent être à l'origine des comportements impulsifs. La méditation, la pleine conscience, ou le recours à un professionnel de la santé mentale peuvent vous aider à travailler sur vos émotions.

- Avoir des objectifs financiers clairs peut vous motiver à rester discipliné. Lorsque vous avez des buts clairs à atteindre, vous êtes plus enclin à résister aux tentations à court terme.

- L'autodiscipline exige de la patience. Les résultats ne sont pas toujours immédiats, mais avec le temps, vous récolterez les fruits de vos efforts. La patience est une vertu clé pour maintenir l'autodiscipline financière.

L'autodiscipline financière est une compétence qui peut être développée et renforcée avec la pratique. Elle vous permet de résister aux comportements impulsifs et compulsifs, vous rapprochant ainsi de vos objectifs financiers.

Stratégies pour changer les comportements néfastes

Changer les comportements financiers néfastes peut être un défi, mais c'est une étape cruciale pour améliorer votre santé financière. Voici quelques stratégies pour vous aider à adopter des comportements financiers plus sains :

- Commencez par une auto-évaluation honnête de vos comportements financiers. Identifiez les domaines où vous avez tendance à être impulsif ou compulsif. Cela peut être lié aux achats, à l'investissement, à la gestion du budget, ou à d'autres aspects de vos finances.

- Établissez des objectifs financiers clairs et atteignables. Avoir des objectifs vous donne une raison de changer vos comportements. Que vous souhaitiez rembourser des dettes, épargner pour la retraite, ou constituer un fonds d'urgence, des objectifs spécifiques sont essentiels.

- Automatisez autant que possible vos finances. Configurez des virements automatiques vers un compte d'épargne, de sorte que l'argent soit mis de côté sans que vous ayez à prendre des décisions chaque mois.

- Tenez un journal financier pour suivre vos progrès. Notez vos dépenses, vos épargnes, et tout comportement financier que vous souhaitez changer. Le suivi peut vous aider à rester responsable de vos actions.

- Ne sous-estimez pas le pouvoir du soutien social. Parlez de vos objectifs financiers à des amis ou à des membres de la famille de confiance. Ils peuvent vous encourager et vous tenir responsable de vos décisions.

- Apprenez continuellement sur la gestion financière et l'investissement. Plus vous en savez, plus vous vous sentirez en confiance pour prendre des décisions financières éclairées.

- Si le stress est un facteur déclencheur de comportements financiers néfastes, apprenez des techniques de gestion du stress pour les atténuer. Cela peut inclure la méditation, la relaxation, ou même la thérapie.

Changer des comportements financiers peut prendre du temps et des efforts, mais les résultats en valent la peine. Vous serez mieux armé pour atteindre vos objectifs financiers, réduire le stress lié à l'argent, et développer une relation plus saine avec vos finances. Le changement est possible, et avec la bonne stratégie et la détermination, vous pouvez transformer vos comportements financiers en votre faveur.

Fil rouge - Mon Parcours

À la maison, les cigarettes avaient une place étrange.
Elles n'étaient pas un luxe, ni même un choix : c'était une habitude, un réflexe plus fort que le porte-monnaie.

Je me souviens très clairement des fins de mois.
Ce moment où l'on ouvrait un vieux portefeuille, où l'on comptait les pièces une à une… et où l'argent partait presque systématiquement pour un dernier paquet.

Pas par irresponsabilité. Pas par plaisir. Mais parce que l'habitude était devenue plus forte que les besoins.

À cet âge, je ne comprenais pas encore l'économie.
Mais j'ai très vite compris ceci : un comportement peut diriger une vie entière, même contre la logique, même contre l'intérêt de celui qui le suit.

Ce souvenir m'a marqué.
Non pas comme un reproche, mais comme une leçon.

J'ai compris que si je voulais avancer, je devais apprendre à ne pas laisser mes automatismes décider à ma place. Parce que si nos habitudes ne travaillent pas pour nous, elles travaillent forcément contre nous.

LA GESTION DU BUDGET

"Gérer son argent, c'est comme cultiver un jardin : il faut semer, entretenir et récolter en son temps."
Proverbe poétique

On croit souvent que gérer son argent, c'est simplement noter ce qui entre et ce qui sort. Mais en réalité, un budget n'est pas qu'un tableau, c'est une posture. Une façon de reprendre le contrôle. Une manière d'annoncer à sa vie : « Je décide où va mon argent et ce qu'il construit. »

Pendant longtemps, le budget a eu une mauvaise réputation.
On l'associe à la privation, à la frustration, à un mode de vie trop calculé.
Alors qu'en vérité, un budget bien construit n'est pas une prison : c'est une boussole. Il ne sert pas à vous limiter, mais à vous orienter.

Il vous aide à faire de la place pour ce qui compte réellement, à réduire les dépenses invisibles et à aligner votre quotidien avec vos ambitions profondes.

Dans un monde où tout augmente (les loyers, les courses, l'énergie, les assurances), ne pas avoir de budget revient à marcher dans le brouillard.
Avec un budget, tout devient visible.
Et ce qui est visible devient transformable.

Pourquoi 80% de la classe moyenne n'arrive pas à budgéter

On imagine souvent que si la majorité des gens n'arrive pas à tenir un budget, c'est par manque de volonté. C'est faux. La véritable raison est plus profonde, plus humaine, presque universelle. Budgétiser, ce n'est pas seulement faire des calculs, c'est affronter sa réalité financière. Et beaucoup préfèrent l'éviter.

D'abord, la plupart des personnes ne savent tout simplement pas où va leur argent. Elles ont une impression générale « je dépense trop », « ça doit aller », « je pense être dans mon budget » mais aucune mesure précise. Or, ce que l'on ne mesure pas finit toujours par nous échapper.

Ensuite, il existe une résistance émotionnelle très forte. Faire un budget, c'est se confronter à ses erreurs, ses excès, ses achats impulsifs, son manque d'organisation. C'est presque un miroir psychologique. Beaucoup repoussent ce moment par peur d'être déçus d'eux-mêmes.

À cela s'ajoute un phénomène frappant, le cerveau humain déteste prévoir, mais adore réagir.
Anticiper demande de la discipline. Réagir demande… rien. C'est pour cela que tant de gens ne créent un budget qu'après un découvert, un refus de paiement ou une facture inattendue. Le budget devient une réaction, jamais une stratégie.

Enfin, beaucoup abandonnent parce qu'ils croient que budgétiser signifie vivre dans la privation, compter chaque centime, se serrer la ceinture. Ils ne voient pas le budget comme un outil de liberté, mais comme une punition. Résultat : ils associent la gestion financière à la frustration.

Pourtant, ceux qui réussissent le mieux ne sont pas ceux qui appliquent des règles parfaites. Ce sont ceux qui acceptent d'abord de regarder la réalité en face, puis qui ajustent leur système progressivement, sans chercher la perfection du premier coup. Un budget n'est pas une prison. C'est un tableau de bord et l'un des rares outils capables de transformer en profondeur votre stabilité financière et votre paix intérieure.

Établir un budget personnel efficace

Le budget est souvent la première étape vers une vie financière solide, il vous donne une vision claire de la vérité financière.
Il révèle les fuites.
Il montre les priorités.
Il met en lumière les illusions.
Il libère l'esprit d'un stress constant : celui de la peur de manquer.

Quand un budget est bien fait, on se sent plus léger, plus stable, plus aligné. Et surtout, on reprend la main.

La première étape vers une gestion financière solide consiste à établir un budget personnel efficace. Un budget est essentiellement un plan financier qui répertorie vos revenus, vos dépenses et vos objectifs financiers. Voici comment vous pouvez créer et surtout optimiser un budget personnel efficace :

1. La première chose à faire est de revoir de façon complète vos contrats (assurances, électricité, Internet, téléphone, gaz, mutuelle). Beaucoup paient trop cher pendant des années simplement parce qu'ils n'ont jamais pris le temps de comparer ou de renégocier. Les tarifs évoluent, les offres changent, et les compagnies jouent souvent sur l'inertie des clients. En quelques appels ou en utilisant des comparateurs, il est fréquent de réduire ses dépenses fixes de 20 à 40 % sans changer son niveau de confort. Optimiser ces postes ne demande ni sacrifices ni courage : seulement un

peu d'attention. Et chaque euro économisé ici est un euro qui renforce votre marge de manœuvre, votre épargne et votre tranquillité financière.

De plus, identifiez des domaines où vous pouvez réduire vos dépenses. Les économies peuvent provenir de petits ajustements, comme l'annulation d'abonnements inutiles, la réduction de la consommation de repas à l'extérieur, ou la négociation de vos contrats de services.

2. Commencez ensuite par évaluer l'ensemble de vos revenus mensuels. Cela peut inclure votre salaire, les revenus d'appoint, les allocations, ou toute autre source d'argent que vous recevez régulièrement.

3. Passez en revue vos dépenses mensuelles. Divisez-les en catégories, telles que le logement, la nourriture, les loisirs, les transports, les factures, et les dettes. Soyez aussi précis que possible pour avoir une vision claire de vos dépenses.

4. Soustrayez vos dépenses totales de vos revenus totaux. Le solde résultant représente l'argent dont vous disposez après avoir payé toutes vos dépenses. Ce montant peut être utilisé pour l'épargne ou le remboursement de dettes.

5. Identifiez vos objectifs financiers à court terme et à long terme. Cela peut inclure la constitution d'un fonds d'urgence, le remboursement de dettes, l'épargne pour la retraite, ou l'investissement. Définissez des montants et des échéances claires pour chaque objectif.

6. Utilisez un tableur, une application de gestion financière, ou même du papier et un stylo pour créer votre budget. Listez vos revenus, vos catégories de dépenses, et vos objectifs financiers. Allouez des montants spécifiques à chaque catégorie.

7. Tenez un journal de vos dépenses quotidiennes. Cela vous aidera à rester conscient de votre argent et à respecter votre budget.

8. Révisez régulièrement votre budget pour vous assurer qu'il reflète votre situation financière actuelle. Si des changements surviennent, ajustez votre budget en conséquence.

9. La discipline financière est essentielle pour maintenir un budget efficace. Résistez à la tentation de dépenser plus que ce que prévoit votre budget, sauf en cas d'urgence.

Vous avez certainement entendu parler de la règle des 50/30/20.
C'est une méthode simple et populaire pour gérer ses finances personnelles en répartissant ses revenus en trois catégories principales : les besoins, les désirs, et l'épargne ou le remboursement de dettes. Elle permet de mieux équilibrer son budget et de prioriser ses dépenses. Voici comment elle fonctionne :

50 % pour les besoins
Ces 50 % de vos revenus doivent couvrir les dépenses essentielles, c'est-à-dire les dépenses nécessaires pour vivre. Cela inclut :

- Le loyer ou la mensualité du prêt immobilier.
- Les factures (électricité, eau, gaz).
- La nourriture.
- Les assurances (santé, logement, voiture).
- Les transports (essence, transport en commun).
- Les soins médicaux.
- Les autres dépenses indispensables (éducation, garde d'enfants, etc.).
L'objectif est de maintenir ces dépenses à moins de 50 % de vos revenus, sinon il peut être difficile de financer les autres catégories.

30 % pour les plaisirs

Ces 30 % sont destinés aux dépenses discrétionnaires ou non essentielles, c'est-à-dire tout ce qui relève de vos envies ou de votre confort personnel. Cela inclut :

- Les sorties (restaurants, cinéma).
- Les loisirs (voyages, abonnements de streaming).
- Les vêtements non essentiels.
- Les abonnements de gym, les activités sportives.
Tout ce qui est considéré comme un "extra" dans votre mode de vie.
Cette catégorie peut être flexible, mais il est important de ne pas dépasser ces 30 % pour éviter de déstabiliser l'équilibre financier.

20 % pour l'épargne et le remboursement des dettes

Enfin, 20 % de vos revenus doivent être alloués à l'épargne ou au remboursement des dettes (hors dettes courantes comme le loyer ou les factures). Ces 20 % visent à améliorer votre situation financière à long terme. Ils peuvent être répartis ainsi :

- Épargne pour les urgences (fonds de secours).
- Épargne pour la retraite (plan de retraite, assurance-vie, etc.).
- Remboursement des dettes (prêts étudiants, etc.).
- Investissements.
Si vous n'avez pas de dettes importantes, cet argent peut être entièrement dédié à l'épargne ou à des placements à long terme. Le but est de mettre le plus d'argent possible dans cette catégorie, 20% c'est bien, 30% c'est mieux, 50% c'est super, 70% c'est excellent.

Avantages de la règle 50/30/20

Simplicité : Cette règle est facile à comprendre et à suivre, même pour ceux qui ne sont pas habitués à faire un budget détaillé.

Flexibilité : Bien que les pourcentages soient fixes, vous avez une certaine liberté dans chaque catégorie.

Gestion des priorités : Elle permet de se concentrer sur les éléments essentiels tout en s'assurant d'épargner pour l'avenir et de profiter du présent.

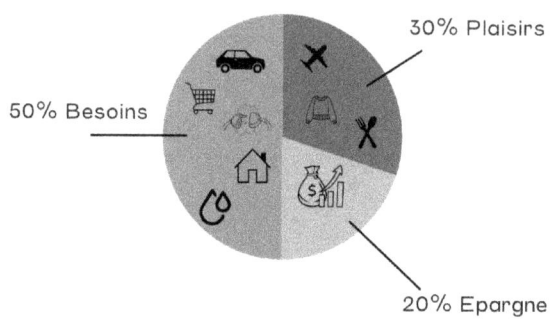

Suivre vos dépenses et vos revenus

Une fois que vous avez établi un budget, le suivi de vos dépenses et de vos revenus est essentiel pour vous assurer que vous respectez votre plan financier. Voici comment vous pouvez le faire efficacement :

Il existe de nombreuses applications et logiciels de gestion financière qui peuvent automatiser le suivi de vos dépenses et de vos revenus. Ils vous aident à visualiser facilement où va votre argent.

Si vous préférez une approche plus manuelle, tenez un journal de dépenses. Notez toutes vos dépenses quotidiennes, même les petites, pendant un mois. Cela vous donnera une image claire de vos habitudes de dépenses.

Consultez régulièrement vos relevés de comptes bancaires pour repérer les dépenses non prévues ou les erreurs. Gardez un œil sur les frais bancaires éventuels.

Assurez-vous que vos revenus soient déposés ou transférés sur votre compte bancaire principal à des dates régulières. Cela facilite la gestion de votre budget.

Si vous utilisez un logiciel de gestion financière, assurez-vous de catégoriser vos dépenses. Cela vous permet de voir clairement combien vous dépensez dans chaque catégorie.

Le suivi de vos dépenses et de vos revenus vous permet de rester conscient de votre situation financière en temps réel.

Cela peut vous aider à repérer les domaines où vous dépensez plus que prévu, à éviter les découverts bancaires, et à ajuster votre budget en conséquence. C'est une étape clé pour maintenir le contrôle sur votre argent et travailler vers vos objectifs financiers.

Un dernier petit point sur le budget :

Je vous propose un tableau excel qui vous permettra de gérer vos finances personnelles, voici une capture d'écran de celui-ci :

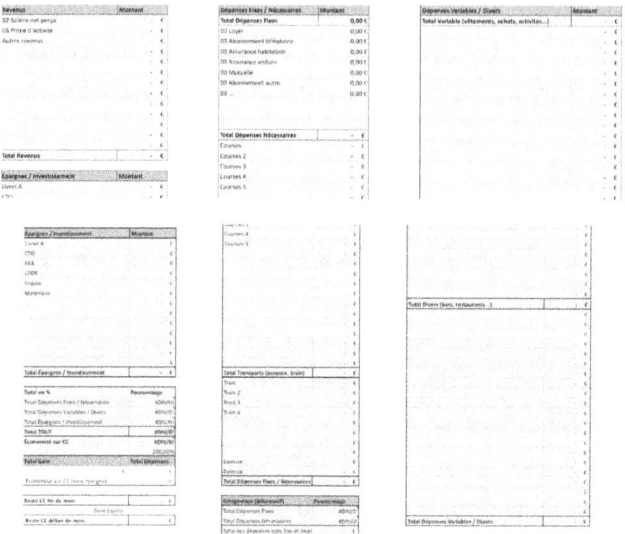

*CC = compte courant

Il vous suffit d'écrire vos revenus mensuels ainsi que vos dépenses fixes puis de garder une copie vierge.

Ensuite chaque mois vous n'avez plus qu'à remplir le document avec toutes vos autres entrées et sorties d'argent, pour avoir une idée précise de vos dépenses. Ce tableau minimaliste vous aidera sans aucun doute à y voir plus clair.

Pour avoir le tableau, il vous suffit de mettre un avis à ce livre si vous l'appréciez et si il vous aide. N'hésitez pas à me donner votre avis ainsi que votre expérience, je serai ravi de vous lire !

Vous n'aurez ensuite qu'à m'envoyer un mail à baptistearnaudpro@gmail.com ou consulter la biographie de notre compte Instagram / Tiktok : Cashual_life.

L'art de l'épargne

L'épargne est un élément essentiel de la gestion du budget. Elle vous permet de constituer un coussin financier pour faire face aux imprévus, atteindre des objectifs à long terme, ou investir dans des opportunités. Voici comment vous pouvez maîtriser l'art de l'épargne :

Identifiez un objectif spécifique pour votre épargne. Cela peut être la constitution d'un fonds d'urgence, l'achat d'une maison, le financement de l'éducation de vos enfants, ou la préparation de votre retraite. Avoir un objectif clair vous motive à épargner régulièrement.

Payez-vous d'abord ! Lorsque vous recevez votre salaire, versez une partie de votre revenu directement dans un compte d'épargne. Cela garantit que l'épargne est une priorité avant de dépenser le reste.

Il peut être utile d'avoir un compte d'épargne distinct de votre compte courant pour éviter de dépenser accidentellement votre épargne.

Ensuite, configurez un virement automatique mensuel vers votre compte d'épargne. Vous pouvez définir un montant fixe ou un pourcentage de vos revenus.

Si vous recevez de l'argent supplémentaire, comme un bonus au travail, une prime, ou un remboursement d'impôts, considérez-le comme une opportunité d'augmenter votre épargne.

Restez Consistant, l'épargne régulière est plus efficace que des versements sporadiques. Même de petites quantités épargnées régulièrement peuvent s'additionner rapidement.

L'art de l'épargne est une compétence financière qui peut transformer vos finances. Elle vous donne la tranquillité d'esprit en sachant que vous avez un filet de sécurité financier en cas d'urgence, tout en vous aidant à réaliser vos rêves financiers à long terme.

Avec de la discipline et de la persévérance, l'épargne peut devenir une habitude naturelle, vous rapprochant ainsi de la sécurité financière et de la réalisation de vos objectifs.

Rappelez vous de cette phrase : "Un budget, c'est dire à votre argent où aller au lieu de vous demander où il est parti."

Fil rouge - Mon Parcours

Dans mon histoire, gérer l'argent n'a jamais été un enseignement qu'on m'a transmis. Ce n'était pas un sujet à table. Ce n'était pas un outil, ni un rituel. C'était plutôt une zone de tension, de stress, parfois d'incertitude.

J'ai vite compris que si je voulais avancer, je devais apprendre à donner une direction à chaque euro… parce que personne ne le ferait à ma place.

Au début, c'était frustrant.
Voir mes dépenses écrites noir sur blanc, comprendre ce qui me freinait, mettre fin aux achats inutiles… J'avais l'impression de me limiter.

Puis, au fil des semaines, quelque chose a changé. J'ai commencé à respirer. À avoir plus de marge, à ne plus craindre les imprévus et à sentir que, peu à peu, je reprenais le contrôle.

Le budget n'a pas réglé ma vie du jour au lendemain, mais il m'a offert une stabilité que je n'avais jamais connue.
Et cette stabilité… a été le point de départ de tout le reste.

PARTIE
2

PRENDRE LE CONTRÔLE DE VOS FINANCES

La première partie de ce livre vous a permis de regarder dans le rétroviseur : vos croyances, vos émotions, vos réflexes, tout ce qui compose l'infrastructure invisible de votre rapport à l'argent.
Maintenant, il est temps de tourner la tête vers l'avant.

La Partie 2 marque l'entrée dans l'action. C'est ici que votre transformation financière prend forme, non plus seulement dans votre esprit, mais dans votre quotidien, vos choix, vos objectifs et vos habitudes..

Nous allons d'abord aborder l'investissement. Pas comme un jeu dangereux réservé aux initiés, mais comme un outil accessible, pragmatique, conçu pour vous accompagner toute votre vie. Vous comprendrez ce qu'est réellement le risque, pourquoi il effraie autant et comment le dompter pour le mettre à votre service. Vous découvrirez les stratégies les plus adaptées à votre profil, à vos revenus, à votre vision du futur.

Nous analyserons ensuite un sujet souvent évité, mal compris, parfois honteux : les dettes et le crédit.
Loin des discours moralisateurs, vous verrez comment gérer une dette de manière saine, comment éviter ses pièges, et comment utiliser intelligemment le crédit pour construire (plutôt que détruire) votre avenir financier.

Nous parlerons également de motivation et d'objectifs financiers, car maîtriser son argent n'est pas une affaire de volonté ponctuelle. C'est une dynamique, un chemin, un engagement envers soi-même. Vous apprendrez à créer des objectifs puissants, réalistes, alignés avec vos valeurs, et à maintenir votre motivation même lors des périodes de doute ou de stagnation.

Cette partie vous guidera vers un but fondamental : vivre une vie financièrement épanouissante.

Non pas plus riche au sens strict, mais plus libre. Plus sereine. Plus alignée.
Parce qu'au bout du chemin, l'objectif n'est pas seulement d'avoir plus.
C'est d'être mieux.

Elle représente le moment où vous cessez d'observer votre vie financière…
pour commencer à la façonner.
Il est temps de passer du spectateur au bâtisseur.

L'INVESTISSEMENT ET LA PRISE DE RISQUE

"Celui qui prend un risque et échoue peut être pardonné. Celui qui ne prend jamais de risque est un échec."
Paul Tillich

L'investissement est l'une des clés pour faire croître votre patrimoine financier à long terme. Certains y voient une opportunité, d'autres un pari dangereux, et beaucoup préfèrent regarder cela de loin, convaincus que ce n'est "pas pour eux". Pourtant, l'investissement est bien moins une question de talent qu'une question de compréhension, de patience et d'état d'esprit.

Ce chapitre n'a pas pour but de vous transformer en trader. Il cherche plutôt à éclairer ce que signifie réellement investir. Participer à la croissance économique, accepter une dose calculée de risque, et construire progressivement un patrimoine capable de vous accompagner tout au long de votre vie.

Toutes les informations présentes ne sont en aucun cas des conseils en investissement, faites vos propres recherches ou parlez-en à un professionnel.

Lorsque vous envisagez de vous lancer dans l'investissement, il est essentiel de comprendre les différentes options qui s'offrent à vous. Chaque type d'investissement a ses propres caractéristiques, avantages et inconvénients.

Les Actions

Les actions représentent une part de propriété dans une entreprise. L'achat d'actions signifie que vous devenez actionnaire de l'entreprise et partagez potentiellement ses bénéfices et pertes. Les actions sont souvent plus volatiles que d'autres investissements, mais elles offrent un potentiel de rendement élevé à long terme.

Comprendre les Différentes Stratégies d'Investissement

Investir dans les actions est l'un des moyens les plus populaires pour faire croître son patrimoine à long terme. Cependant, toutes les actions ne se valent pas et il existe différentes stratégies d'investissement en fonction de vos objectifs financiers, de votre tolérance au risque, et de votre horizon de placement.

Les Actions à Dividendes

Les actions à dividendes sont des titres émis par des entreprises qui versent régulièrement une partie de leurs bénéfices à leurs actionnaires sous forme de dividendes. Ces actions sont souvent associées à des entreprises stables et matures, comme celles dans les secteurs de l'énergie, de la consommation courante ou des services publics.
Exemples en France : Vinci, Air liquide, LVMH, Total Energies…
Exemples aux Etats-Unis : Procter & Gamble, Johnson & Johnson, Williams-sonoma, Coca-Cola…

Elles permettent de générer un flux de revenus passif sous forme de dividendes, même en période de marché baissier.
En plus du versement des dividendes, les actions peuvent prendre de la valeur avec le temps, offrant ainsi un potentiel de plus-value.
Les entreprises qui versent des dividendes sont souvent bien établies et présentent une stabilité financière, ce qui en fait un choix relativement sûr pour les investisseurs à long terme.

L'investisseur cherchant à générer un revenu régulier tout en limitant le risque peut se concentrer sur des actions de grandes entreprises, souvent appelées blue chips, qui versent des dividendes réguliers et ont une solide réputation de stabilité. Une approche populaire consiste à réinvestir ces dividendes dans l'achat de nouvelles actions, ce qui permet d'accroître progressivement son portefeuille.

Les Actions de Croissance

Les actions de croissance sont émises par des entreprises qui privilégient le réinvestissement de leurs bénéfices pour financer leur expansion, plutôt que de verser des dividendes. Ces entreprises se trouvent souvent dans des secteurs dynamiques comme la technologie, et elles ont un potentiel élevé de croissance future.

Exemples : Nvidia, Google…

Ces entreprises ont une forte capacité à augmenter leur chiffre d'affaires et leurs bénéfices, ce qui peut entraîner une appréciation importante du prix des actions.

Les actions de croissance sont souvent celles des entreprises innovantes qui transforment leur secteur, ce qui peut générer des rendements élevés sur le long terme.

Les investisseurs axés sur la croissance cherchent à acheter des actions dans des secteurs à fort potentiel de développement. Ces actions peuvent être plus volatiles et risquées, mais elles offrent un rendement potentiel plus élevé sur le long terme. Une approche courante est de suivre les tendances du marché et d'identifier les entreprises qui bénéficient de facteurs macroéconomiques favorables, tels que l'essor du numérique ou les progrès dans les biotechnologies.

Ne pas investir à l'aveugle

Investir en Bourse ne doit jamais se faire à l'aveugle. Derrière chaque action se cache une entreprise réelle, avec une histoire, une santé financière, des forces, des faiblesses et une dynamique propre qu'il est indispensable de comprendre avant d'y engager le moindre euro. Beaucoup d'investisseurs débutants se contentent d'acheter un titre parce qu'il « a beaucoup monté », parce qu'un influenceur en a parlé ou parce qu'ils espèrent un gain rapide.

Pourtant, la Bourse récompense ceux qui analysent, comparent et réfléchissent avant d'agir. Lire les bilans comptables, étudier les comptes de résultats, examiner la croissance du chiffre d'affaires, analyser le bénéfice net par action, vérifier la solidité du bilan et comprendre l'origine réelle des cash-flows ne sont pas des exercices optionnels, ce sont les fondations d'un investissement intelligent.

Il est également crucial d'observer l'évolution du cours, de repérer les périodes de volatilité, de comprendre si une entreprise est surévaluée ou non grâce aux ratios comme le PER, le PEG ou la valeur comptable, et de vérifier la régularité des dividendes ainsi que la capacité réelle de l'entreprise à les verser.

À cela s'ajoute l'analyse qualitative : l'avantage concurrentiel, la gouvernance, la durabilité du modèle économique, la diversification géographique ou clientèle, et l'endettement réel une fois la trésorerie prise en compte. Investir sans ces repères revient à avancer dans le brouillard, guidé par le hasard plutôt que par la connaissance.

À l'inverse, en comprenant profondément l'entreprise, son secteur, ses dynamiques et ses perspectives, vous transformez un simple achat d'actions en une décision stratégique, réfléchie, alignée avec vos ambitions et capable de créer de la valeur sur le long terme.

Les Comptes de Placement : PEA et CTO

En France, deux principaux comptes d'investissement permettent d'acheter des actions : le Plan d'Épargne en Actions (PEA) et le Compte-Titres

Ordinaire (CTO). Chacun a ses propres avantages fiscaux et limitations, que nous allons examiner ci-dessous.

Le Plan d'Épargne en Actions (PEA)

Le PEA est un compte d'investissement destiné aux actions européennes, offrant des avantages fiscaux intéressants pour encourager les placements à long terme. Il existe deux types de PEA : le PEA classique et le PEA-PME, destiné à investir spécifiquement dans les petites et moyennes entreprises (PME) et les entreprises de taille intermédiaire (ETI).

Si le PEA est conservé pendant plus de 5 ans, les plus-values et les dividendes sont exonérés d'impôt sur le revenu. Seuls les prélèvements sociaux restent dus (actuellement à 17,2 %).

Il encourage l'investissement à long terme, permettant aux gains de croître de manière défiscalisée tant que les fonds restent sur le compte.

En plus des actions classiques, le PEA-PME permet de soutenir des entreprises en croissance tout en bénéficiant des mêmes avantages fiscaux.

Limites :

Les versements sur un PEA sont limités à 150 000 euros pour un PEA classique, et à 75 000 euros pour un PEA-PME.

Le PEA est restreint aux actions de l'Union européenne, ce qui limite la diversification géographique.

Le Compte-Titres Ordinaire (CTO)

Le CTO, contrairement au PEA, ne comporte pas de restrictions géographiques ou de plafond de versement. Il permet d'investir dans tous types d'actifs financiers (actions, obligations, ETF, etc.) et sur tous les marchés, y compris internationaux.

Vous pouvez investir dans n'importe quelle action à travers le monde, sans restriction.

Il n'y a pas de plafond sur le montant que vous pouvez investir dans un CTO.

Le CTO permet d'accéder aux marchés américains, asiatiques, ou émergents, ce qui offre une grande diversification géographique.

Les plus-values réalisées sur un CTO sont soumises à l'impôt sur le revenu (environ 31,4% via le prélèvement forfaitaire unique, comprenant l'impôt sur le revenu et les prélèvements sociaux).
Les dividendes sont également taxés à 31,4% pour les actions américaines (dont 15% à la source).

Contrairement au PEA, il n'y a pas d'exonération d'impôt sur le long terme. Toutes les plus-values et les dividendes sont imposables dès la première année.

La performance de la bourse
La bourse n'est pas un casino, malgré l'image qu'on lui prête parfois. C'est une machine à créer de la valeur, lentement mais puissamment. Depuis plus d'un siècle, les marchés actions affichent une performance moyenne d'environ 7 % par an, toutes crises comprises, toutes guerres traversées, toutes récessions digérées.

Cette croissance n'a rien d'un miracle, elle est le reflet direct de la productivité humaine. Les entreprises innovent, produisent davantage, deviennent plus efficaces, s'adaptent, conquièrent de nouveaux marchés ; et les actionnaires, en tant que copropriétaires, captent une partie de cette richesse créée.

Investir en bourse, c'est accepter les cycles, les tempêtes et les corrections, pour bénéficier au long cours de cette force tranquille qu'est la croissance mondiale.

C'est un chemin exigeant, mais mathématiquement le plus fiable pour faire croître son capital à long terme.

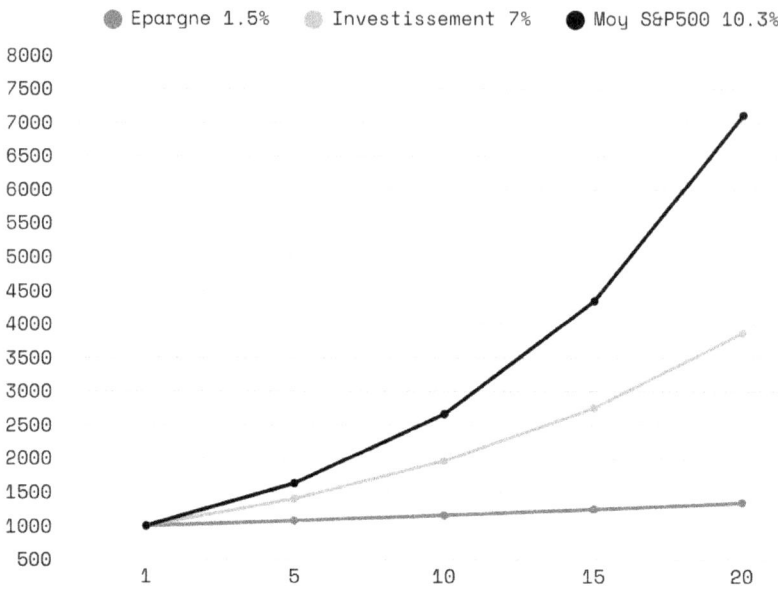

Ce graphique illustre, de manière simple mais implacable, l'écart qui se creuse au fil du temps entre trois choix financiers : laisser son argent dormir sur un livret à 1,5 %, investir à 7 %, ou suivre la performance historique moyenne du S&P500 autour de 10,3 %.

Pendant les premières années, les courbes semblent proches, presque insignifiantes. Mais avec le temps, la magie des intérêts composés opère.

L'épargne progresse lentement, presque à l'horizontale. L'investissement à 7 % commence à prendre de l'avance après quelques années. Quant à la performance boursière historique, elle explose littéralement, montrant que les dernières années produisent davantage de croissance que toutes les précédentes réunies. Ce simple graphique rappelle une vérité fondamentale : ce n'est pas seulement combien vous épargnez qui compte, mais où vous placez votre argent et combien de temps vous lui laissez pour travailler.

Les ETF

Les ETF, ou Exchange Traded Funds, sont sans doute l'une des révolutions financières les plus puissantes de ces dernières décennies. Leur principe est simple : au lieu d'investir dans une poignée d'actions choisies au hasard ou sur un coup de cœur, un ETF vous permet d'acheter en un seul clic un portefeuille entier de titres.

Concrètement, un ETF peut répliquer un indice mondial comme le MSCI World (qui regroupe plus de 1 500 entreprises de pays développés), un indice américain comme le S&P 500, un secteur précis, ou même une stratégie obligataire.

Cette structure vous donne instantanément une diversification que même des investisseurs professionnels mettaient autrefois des années à construire.

Ce qui rend les ETF si attractifs, c'est leurs frais extrêmement faibles. Là où un fonds géré activement facture souvent 1 à 2 % de frais par an, un ETF broad-market peut coûter 0,05 à 0,20 %. Sur 20 ou 30 ans, cette différence représente des dizaines de milliers d'euros en plus dans votre poche. De plus, les ETF fonctionnent de manière passive : ils ne cherchent pas à battre le marché, mais à le suivre fidèlement.

Et paradoxalement, c'est cette simplicité qui fait leur force. Des études indépendantes montrent que plus de 85 % des gestionnaires professionnels sont battus par les indices sur le long terme. Avec un ETF, vous êtes du côté des gagnants, celui du marché global, qui monte naturellement avec la croissance économique mondiale.

Les ETF sont aussi la solution idéale pour les personnes qui veulent investir sans passer des heures à analyser des bilans financiers, étudier des ratios comptables ou suivre l'actualité économique de dizaines d'entreprises. Vous n'avez pas besoin d'être un expert, de maîtriser les indicateurs financiers, ou de comprendre les cycles sectoriels. L'ETF fait le travail pour vous : il diversifie, il rééquilibre, il suit l'indice. Vous, vous investissez… et vous laissez le temps faire son œuvre.

Il faudra tout de même sélectionner les ETF qui vous conviennent le mieux ainsi que le gestionnaire d'actifs associé, voici une image qui illustre la signification exacte de chaque mot d'un ETF :

Exemple : iShares Core EURO STOXX 50 UCITS ETF EUR dist/acc

Comprendre le nom d'un ETF est essentiel pour savoir exactement dans quoi vous investissez, car chaque mot a une signification précise. L'image ci-dessus décompose un nom d'ETF type : iShares Core EURO STOXX 50 UCITS ETF EUR Dist.

D'abord, iShares Core indique le nom de l'émetteur, ici BlackRock, l'un des plus grands fournisseurs d'ETF au monde. Vient ensuite EURO STOXX 50, qui correspond à l'indice financier répliqué, c'est-à-dire les 50 plus grandes entreprises de la zone euro. Le terme UCITS garantit que le fonds respecte les normes européennes de sécurité et de transparence, équivalent aux OPCVM.

Le mot ETF confirme qu'il s'agit bien d'un fonds indiciel coté. EUR indique la devise de cotation, et Dist précise la politique de dividendes : ici, l'ETF distribue les dividendes aux investisseurs. Grâce à cette lecture rapide, vous pouvez analyser n'importe quel ETF en quelques secondes et investir en comprenant clairement ce que contient votre portefeuille.

De plus, je vous conseil de copier coller le nom de l'ETF que vous aimeriez posséder sur le site "justETF" pour avoir plus d'informations concrètes sur celui-ci (performance, composition complète…)

Autre avantage essentiel des ETF : la tranquillité d'esprit. Vous ne dépendez plus des performances d'une seule entreprise ou d'un secteur isolé. Vous investissez dans l'économie entière. Les crises passagères deviennent moins effrayantes, car l'histoire a montré que les marchés diversifiés finissent toujours par rebondir.

Et lorsque vous combinez un ETF avec des investissements mensuels réguliers, puis le réinvestissement automatique des dividendes, vous exploitez pleinement la puissance des intérêts composés. C'est l'une des stratégies les plus simples, les plus robustes et les plus efficaces pour faire croître votre patrimoine, même si vous partez de zéro — et même si vous n'y connaissez absolument rien au départ.

Les intérêts composés et les dividendes en bourse

S'il existe un concept financier que tout investisseur devrait comprendre avant même de placer un seul euro, c'est bien celui des intérêts composés.

On les présente souvent comme la huitième merveille du monde, et ce n'est pas une exagération.

Les intérêts composés sont le moteur invisible qui transforme des investissements modestes en patrimoines solides… à condition de leur laisser du temps.

L'idée est simple : vous gagnez des intérêts sur votre investissement initial, puis vous gagnez également des intérêts sur les intérêts précédemment gagnés.

Autrement dit, votre argent commence à travailler pour vous, puis vos gains travaillent eux aussi, et ainsi de suite.

Le processus est lent au début, presque imperceptible.

Puis, année après année, il s'accélère, comme une boule de neige qui grossit à mesure qu'elle dévale une pente.

Les meilleurs investisseurs ne sont pas ceux qui trouvent "l'action miracle", mais ceux qui comprennent que le temps est leur principal allié.

L'erreur la plus coûteuse ? Attendre.

Chaque année où vous n'investissez pas est une année perdue, une année où la boule de neige aurait pu commencer à se former.

Les intérêts composés ne demandent pas d'être un expert.

Ils demandent simplement de vous lancer, même petit, même progressivement… et de tenir sur la durée.

Pour comprendre la puissance du réinvestissement des dividendes, imaginons deux personnes : Paul et Adrien.

Tous les deux investissent dans les mêmes actions, au même moment, avec la même somme : 10 000 €.

Les marchés leur offrent un rendement identique de 5 % par an (croissance du cours inférieur à la moyenne historique d'environ 7% par an pour vous montrer que le but n'est pas de battre le marché, concentrez vous sur votre performance et non celle des autres). En plus, les entreprises versent 3 % de dividendes chaque année.

La seule différence entre Paul et Adrien ? Paul réinvestit ses dividendes chaque année.

Regardons ce qui se passe au bout de 20 ans.

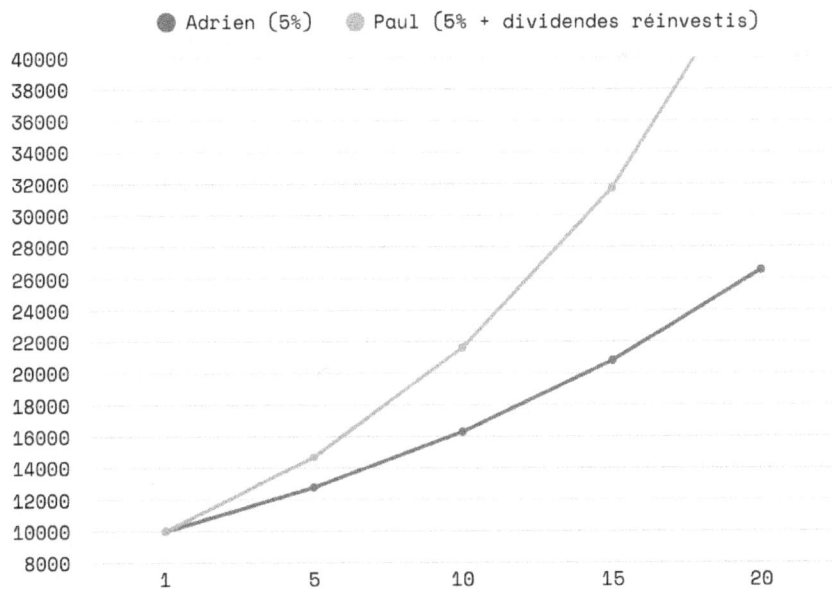

Différence : plus de 14 000 €... alors qu'ils ont commencé avec la même somme, les mêmes actions, la même durée.

Paul a laissé les intérêts composés faire leur travail.

Chaque euro réinvesti devient un travailleur supplémentaire dans votre équipe financière.

Adrien reçoit des dividendes qui dorment ou qu'il dépense.
Paul reçoit des dividendes qui se transforment en capital.

Au fil du temps, plus il a de capital, plus il reçoit de dividendes, plus son capital augmente, plus les intérêts composés accélèrent.
C'est un cercle vertueux qui amplifie tout.

La différence entre 5 % et 8 % peut sembler faible sur le papier, mais sur 20 ans ou 30 ans, c'est un gouffre.

Un investisseur discipliné, même avec de faibles montants, battra toujours un investisseur passif qui laisse ses dividendes dormir.

La discipline et la persévérance : investir chaque mois

Avec le même scénario que précédemment, imaginez maintenant ce qui se passe si vous décidez d'investir 500 € par mois en bourse, avec un capital de départ de 10 000 €, un rendement annuel de 5 % (inférieur à la moyenne historique d'environ 7 %) et 3 % supplémentaires de dividendes versés chaque année :

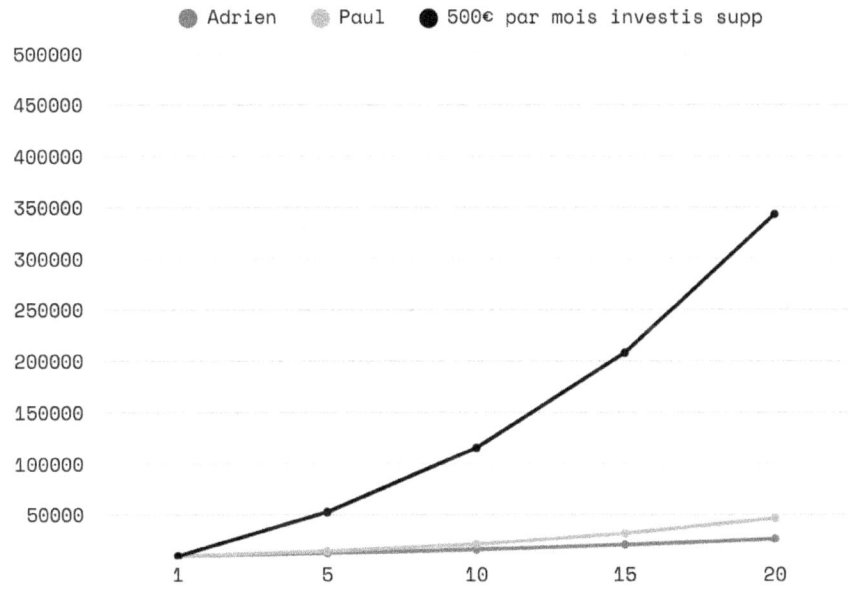

Investir régulièrement en bourse, mois après mois, est l'un des gestes les plus puissants que vous puissiez poser pour votre avenir financier.

Même si vous commencez tard : à 50 ans, en appliquant simplement cette méthode, vous pourriez atteindre plus de 100 000 € à 60 ans. Dix années seulement.

Et si vous avez 25 ans, ce même effort mensuel vous amènerait à près de 350 000 € à 45 ans. De quoi envisager les prochaines décennies avec une vraie sérénité.

Vous pouvez évidemment démarrer plus modestement. Même 100 € par mois, sans capital de départ, finiront par transformer votre vie financière si vous êtes constant.

Et pour vous donner un ordre de grandeur :
3 % de dividendes annuels sur 350 000 €, c'est 10 500 € par an.
C'est un complément de retraite confortable, uniquement grâce aux dividendes de vos investissements, sans même toucher au capital.

Mais ce n'est pas tout.
Si vous poursuivez ce rythme non pas pendant 20 ans, mais pendant 30 ans, votre capital pourrait dépasser 834 000 €.

À ce niveau, 3 % de dividendes représentent environ 25 000 € par an, soit près de 2 000 € bruts par mois de revenu passif… uniquement parce que vous avez investi régulièrement, longtemps, et intelligemment.

Les Obligations

Qu'est-ce qu'une obligation ?

Les obligations sont l'un des instruments financiers les plus anciens et les plus simples à comprendre. Lorsque vous achetez une obligation, vous prêtez de l'argent à un gouvernement, à une entreprise ou à une institution. En échange, l'émetteur vous paie des intérêts réguliers (des coupons) puis vous rembourse intégralement à l'échéance.

Ce fonctionnement très prévisible explique pourquoi les obligations sont perçues comme des placements plus stables que les actions : elles ne visent pas à faire exploser votre patrimoine, mais à lui apporter sécurité, constance et visibilité.

Les différents types d'obligations

Toutes les obligations n'offrent pas le même niveau de sécurité ni le même rendement.

Les obligations d'État sont les plus populaires et les plus sûres. Soutenues par les finances publiques d'un pays, elles séduisent les investisseurs qui veulent de la stabilité, même si cela signifie des rendements modestes.

Les obligations d'entreprises, elles, offrent souvent des coupons plus élevés. Mais elles comportent aussi un risque supérieur, car une entreprise peut faire faillite.

Enfin, les obligations à haut rendement sont émises par des acteurs plus fragiles. Elles proposent des intérêts particulièrement attractifs, mais au prix d'un risque de défaut nettement plus élevé.

À côté de cela, il existe également des obligations indexées sur l'inflation, qui ajustent leur valeur en fonction de l'augmentation des prix. Elles servent de protection contre l'érosion du pouvoir d'achat.

Chaque type d'obligation répond donc à un besoin différent : sécurité, rendement, protection de l'inflation ou diversification.

Le rôle des obligations dans un portefeuille

Les obligations jouent un rôle essentiel dans la construction d'un portefeuille équilibré. Elles offrent une stabilité que les actions ne peuvent pas garantir.

Lorsque les marchés boursiers deviennent volatils, les obligations (surtout celles émises par des État solides) se comportent souvent comme des amortisseurs.

Elles réduisent le stress, limitent les pertes temporaires et apportent un revenu régulier grâce aux coupons.

Ce n'est pas un actif destiné à créer de la richesse rapide, mais un actif qui fortifie la structure financière de long terme.

Dans une stratégie d'investissement cohérente, les actions apportent la croissance, tandis que les obligations apportent la stabilité. L'un ne va pas sans l'autre.

Comment investir dans les obligations ?

Il existe plusieurs façons simples d'intégrer des obligations à votre stratégie.

L'achat direct consiste à acheter une obligation et à la conserver jusqu'à son échéance : vous recevez les coupons, puis récupérez votre capital. C'est une méthode idéale pour ceux qui recherchent des revenus réguliers et prévisibles.

Les fonds obligataires et les ETF permettent de posséder une multitude d'obligations en un seul achat. Cette diversification instantanée réduit les risques et simplifie énormément la gestion.

Enfin, certains investisseurs utilisent la stratégie de l'échelle obligataire (bond ladder), qui consiste à acheter des obligations avec des durées différentes afin d'étaler les remboursements et de lisser le risque lié aux variations de taux d'intérêt. C'est une méthode très utilisée par les investisseurs prudents et les retraités.

Avantages et limites des obligations

Les obligations offrent des avantages majeurs :
• une stabilité fiable,
• un revenu fixe et prévisible,
• une diversification qui réduit le risque global d'un portefeuille,
• une protection partielle contre la volatilité des marchés.

Cependant, elles ne sont pas parfaites.
Leur rendement est généralement plus faible que celui des actions sur le long terme. Elles peuvent perdre temporairement de la valeur lorsque les taux d'intérêt montent. Et certaines (notamment celles d'entreprises risquées) comportent un risque réel de défaut.

Obligations ou actions… ou les deux ?

La vraie question n'est pas de choisir entre obligations et actions, mais de comprendre comment elles s'équilibrent. Les actions construisent la richesse. Les obligations protègent cette richesse.
Dans un portefeuille bien structuré, ces deux dynamiques cohabitent pour offrir à la fois croissance et sécurité, ce qui permet d'investir avec bien plus de sérénité.

L'immobilier

L'investissement dans l'immobilier implique l'achat de biens immobiliers, tels que des maisons, des immeubles d'appartements ou des terrains, en vue de les louer ou de les revendre. Les investissements immobiliers peuvent générer des revenus locatifs et des gains en capital à long terme. Mais si nous développons, nous pouvons vite comprendre que l'investissement en biens immobiliers ne s'arrête pas là.

Investir dans l'Immobilier : Construire un Patrimoine Durable

L'immobilier est l'un des piliers de l'investissement patrimonial. Il combine la sécurité des actifs tangibles avec des revenus réguliers et la possibilité de valorisation à long terme. Toutefois, réussir dans l'investissement immobilier nécessite une bonne connaissance du marché, une gestion rigoureuse et la maîtrise de stratégies financières adaptées.

Pourquoi investir dans l'immobilier ?

L'immobilier est un des actifs préférés des Français pour plusieurs raisons :

- Contrairement aux actions ou obligations, un bien immobilier est un actif tangible que vous pouvez toucher et voir. Cette sécurité psychologique séduit de nombreux investisseurs.
- L'immobilier tend à s'apprécier sur le long terme, en particulier dans les zones à forte demande (villes dynamiques, régions touristiques).
- Un bien immobilier locatif génère des revenus réguliers sous forme de loyers, ce qui permet à l'investisseur de bénéficier d'un flux de trésorerie régulier.
- L'immobilier est l'un des rares investissements que vous pouvez financer en grande partie avec un emprunt, ce qui permet de bénéficier de l'effet de levier financier (l'effet de levier consiste à utiliser l'argent emprunté pour augmenter la capacité d'investissement d'une personne ou d'une entreprise, amplifiant ainsi aussi bien les gains potentiels que les pertes éventuelles).

Il existe plusieurs façons d'investir dans l'immobilier, chacune avec ses avantages et ses risques. Voici les principales stratégies que vous pouvez envisager en tant qu'investisseur.

L'immobilier locatif

L'immobilier locatif consiste à acheter un bien dans le but de le louer à un ou plusieurs locataires, générant ainsi des revenus sous forme de loyers. Cette stratégie peut inclure des appartements, des maisons, ou des locaux commerciaux.

Les loyers génèrent des revenus passifs réguliers, qui peuvent couvrir les mensualités de votre emprunt et, à terme, devenir une source de revenu nette.

En plus des revenus locatifs, le bien peut prendre de la valeur avec le temps, notamment dans les zones à forte demande.

Sous certaines conditions, les investisseurs peuvent bénéficier de dispositifs fiscaux attractifs, comme la loi Pinel, Censi-Bouvard, ou le LMNP (Loueur en Meublé Non Professionnel).

Cependant, il existe un risque de ne pas trouver de locataires sur certaines périodes, ce qui entraîne une perte de revenus.

De plus, les coûts de gestion (entretien, réparations, gestion locative) peuvent réduire la rentabilité nette du bien.

Il ne faut également pas oublier que, en cas de locataires défaillants, le propriétaire doit prendre en charge les mensualités du crédit sans pouvoir compter sur les loyers.

L'immobilier locatif saisonnier

La location saisonnière consiste à louer un bien pour de courtes périodes (jours ou semaines), souvent à des touristes ou voyageurs professionnels. Des plateformes comme Airbnb ou Booking facilitent la gestion de ce type de location.

Les locations saisonnières génèrent souvent des rendements locatifs plus élevés que les locations à long terme, en particulier dans les zones touristiques.

Vous pouvez aussi utiliser le bien pour votre usage personnel entre les locations, ce qui offre une certaine liberté.

Bien sûr, la location saisonnière demande une gestion plus intensive, avec des rotations fréquentes des locataires, le nettoyage, et la gestion des réservations.

Les revenus peuvent être très variables selon la saison, et la demande peut fluctuer en fonction des périodes touristiques.

L'investissement dans l'immobilier commercial

Investir dans des locaux commerciaux (bureaux, commerces, entrepôts) peut offrir des rendements plus élevés que l'immobilier résidentiel, mais avec des risques différents. Les baux commerciaux sont généralement plus longs et plus stables que les baux résidentiels.

Trouver un nouveau locataire commercial peut prendre du temps, et les locaux peuvent rester vacants plus longtemps qu'un bien résidentiel.

Les biens commerciaux peuvent nécessiter des investissements plus importants en termes d'acquisition et de gestion.

L'investissement en SCPI

Les Sociétés Civiles de Placement Immobilier (SCPI) permettent d'investir dans l'immobilier de manière indirecte en achetant des parts dans une société qui détient un portefeuille d'actifs immobiliers locatifs (bureaux, commerces, logements, etc.).

L'un des principaux avantages des SCPI est que vous n'avez pas à vous occuper de la gestion des biens. La société gère tout à votre place (location, entretien, etc.).

L'investissement en SCPI permet d'accéder à l'immobilier avec des montants beaucoup plus faibles que l'achat direct d'un bien immobilier. Les SCPI investissent généralement dans de nombreux biens, ce qui réduit le risque en diversifiant les actifs.

Cependant, Les SCPI prélèvent des frais de gestion, qui peuvent affecter la rentabilité nette de l'investissement.
Même si les SCPI sont plus liquides que les biens immobiliers physiques, il peut être difficile de revendre rapidement vos parts en cas de besoin de liquidités.

L'investissement dans les REIT's
Les REITs (Real Estate Investment Trusts) sont des sociétés cotées en bourse qui possèdent et gèrent des biens immobiliers générant des revenus, comme des centres commerciaux, des immeubles de bureaux, des logements ou des entrepôts logistiques.

Investir dans des REITs permet d'accéder à l'immobilier sans avoir à acheter directement un bien, tout en bénéficiant d'une liquidité totale puisqu'ils se négocient comme des actions.

Leur principal atout réside dans les dividendes élevés et réguliers qu'ils versent, car la loi les oblige généralement à redistribuer une grande partie de leurs revenus locatifs aux actionnaires.
C'est donc une manière simple et accessible de diversifier un portefeuille, d'obtenir un revenu passif stable et d'exposer son capital au marché immobilier, avec des risques toutefois liés aux fluctuations boursières et à la conjoncture immobilière.

Les autres solutions d'investissements

Fonds Communs de Placement

Les fonds communs de placement sont des véhicules d'investissement gérés par des professionnels de la gestion de fonds. Ils permettent aux investisseurs de détenir un portefeuille diversifié d'actions, d'obligations ou d'autres actifs. Les fonds communs de placement offrent une diversification instantanée, ce qui réduit le risque.

Matières Premières

Les matières premières, telles que l'or, l'argent; le pétrole et les produits agricoles, peuvent être négociées sur les marchés des matières premières. L'investissement dans les matières premières peut servir de couverture contre l'inflation et la volatilité des marchés.

Crypto-monnaies

Les crypto-monnaies, telles que le Bitcoin et l'Ethereum, sont des monnaies numériques basées sur la technologie de la blockchain. L'investissement dans les crypto-monnaies est devenu de plus en plus populaire, offrant un potentiel de rendement élevé, mais également une volatilité significative.

Chaque option d'investissement comporte des risques et des récompenses différents.

Évaluer votre tolérance au risque

Lorsque vous investissez, il est essentiel de comprendre votre propre tolérance au risque. Votre tolérance au risque est la mesure de votre confort face aux fluctuations de la valeur de votre investissement et à la possibilité de perdre de l'argent. Il est important de prendre en compte votre tolérance au risque lors de la création de votre portefeuille d'investissement.

Vos objectifs financiers à court terme et à long terme jouent un rôle majeur dans votre tolérance au risque. Si vous avez besoin d'argent pour des dépenses imminentes, votre tolérance au risque peut être plus faible.

Le temps pendant lequel vous prévoyez de laisser votre argent investi peut influencer votre tolérance au risque. Les investisseurs à long terme ont souvent une tolérance au risque plus élevée, car ils ont plus de temps pour récupérer d'éventuelles pertes.

Votre expérience passée en matière d'investissement peut influencer votre tolérance au risque. Si vous avez déjà vécu des pertes importantes, vous pourriez être plus prudent.

Évaluez combien de pertes financières vous pouvez supporter sans compromettre votre situation financière. Il est essentiel de ne pas investir plus que ce que vous pouvez vous permettre de perdre.

Votre personnalité joue également un rôle dans votre tolérance au risque. Certaines personnes sont naturellement plus enclines à prendre des risques, tandis que d'autres préfèrent la sécurité.

Une fois que vous avez évalué votre tolérance au risque, il est temps de l'appliquer à vos décisions d'investissement. Votre tolérance au risque vous aidera à déterminer la répartition des actifs dans votre portefeuille. Par exemple, si vous avez une tolérance au risque élevée, vous pourriez être plus enclin à investir dans des actions et des investissements plus volatils. Si votre tolérance au risque est plus basse, vous pourriez opter pour une répartition plus conservatrice, avec une plus grande proportion d'obligations et d'investissements à faible risque.

Il est important de rappeler que la tolérance au risque peut évoluer au fil du temps en fonction de votre situation financière, de vos objectifs et de vos expériences. Il est conseillé de réévaluer régulièrement votre tolérance au risque pour vous assurer que votre portefeuille d'investissement reste aligné sur vos besoins et votre confort.

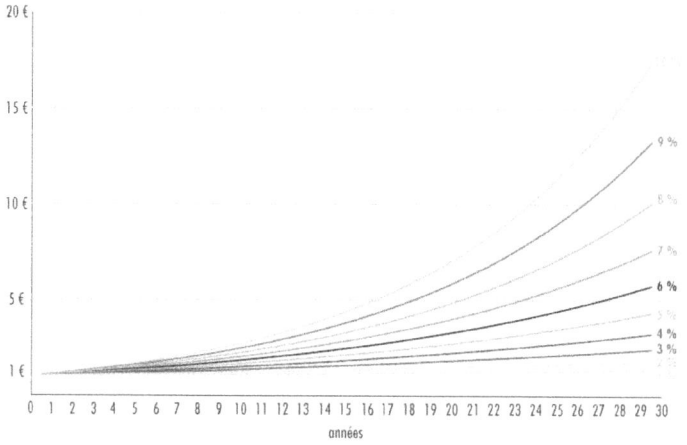

Source : la finance pour tous

Ce graphique montre de manière très claire comment différents niveaux de rendement transforment un même investissement au fil du temps. Chaque courbe représente la croissance d'1 € placé pendant 30 ans, selon un taux de rendement annuel allant de 1 % à 10 %. On voit immédiatement que plus le rendement est élevé, plus la courbe devient exponentielle (et plus tôt elle décolle).

Le message est simple : dans les investissements à long terme, le facteur déterminant n'est pas seulement combien vous investissez, mais le rendement que vous êtes capable d'accepter… et donc le niveau de risque que vous êtes prêt à tolérer.

Diversification de portefeuille

La diversification de portefeuille est l'une des stratégies les plus importantes en matière d'investissement. Elle consiste à répartir vos investissements entre différentes catégories d'actifs, telles que les actions, les obligations, l'immobilier, et d'autres, afin de réduire les risques et de maximiser les rendements potentiels. Imaginez votre portefeuille d'investissement comme un gâteau que vous partagez en plusieurs parts. Chaque morceau représente un type d'investissement différent.

Pourquoi la Diversification est-elle Cruciale ?

En investissant dans différentes classes d'actifs, vous réduisez votre exposition à un risque spécifique. Par exemple, si vous détenez uniquement des actions d'une seule entreprise et que cette entreprise connaît des difficultés, vous risquez de subir des pertes importantes.

Cependant, si vous avez diversifié en détenant des actions de plusieurs entreprises dans différents secteurs, les pertes d'une seule entreprise auront un impact moindre sur l'ensemble de votre portefeuille.

La diversification vous permet de profiter des rendements potentiels de différents types d'investissements. Certaines catégories d'actifs peuvent performer mieux à un moment donné, tandis que d'autres peuvent connaître des périodes de sous-performance. En diversifiant, vous avez une meilleure chance de capturer les opportunités de croissance.

La diversification peut aider à stabiliser la valeur de votre portefeuille au fil du temps. Les investissements individuels peuvent être volatils, mais en combinant plusieurs actifs, vous pouvez atténuer les fluctuations extrêmes.

Comment Diversifier Votre Portefeuille ?

Investissez dans des actions, des obligations, des biens immobiliers, des matières premières, et d'autres types d'actifs. Chacun d'entre eux réagit différemment aux conditions du marché, ce qui contribue à la diversification.

Répartissez vos investissements entre différents secteurs économiques. Par exemple, diversifiez entre la technologie, la santé, l'industrie, et d'autres secteurs pour réduire les risques liés à la performance de l'ensemble du secteur.

Si vous investissez à l'échelle internationale, diversifiez votre portefeuille entre différentes régions géographiques. Cela peut réduire les risques liés à l'économie d'un seul pays.

Investissez dans des entreprises de différentes tailles, des grandes capitalisations aux petites capitalisations. Les performances des entreprises de tailles différentes peuvent varier.

Diversifiez entre des styles d'investissement tels que la croissance, la valeur, et le revenu. Chaque style a des caractéristiques différentes.

Mais surtout, investissez dans ce que vous connaissez. formez-vous, lisez des livres, regardez des vidéos, feuilletez des blogs…

Il est également important, avant d'investir le moindre euro, d'avoir une idée précise de ce que vous voulez et de pourquoi vous le faites.

Supposons que vous avez un portefeuille d'investissement composé principalement d'actions de grandes entreprises technologiques. Si le secteur technologique connaît une baisse soudaine, votre portefeuille pourrait subir des pertes considérables. Cependant, si vous aviez diversifié votre portefeuille en incluant des actions de différents secteurs, des obligations, et des biens immobiliers, la baisse du secteur technologique aurait un impact moins important sur l'ensemble de votre portefeuille.

La diversification de portefeuille est une stratégie fondamentale pour tout investisseur. Elle contribue à réduire les risques tout en permettant de tirer parti des opportunités de croissance. En combinant judicieusement différents types d'actifs, secteurs et régions géographiques, vous pouvez créer un portefeuille solide et équilibré qui vous rapproche de vos objectifs financiers.

Warren Buffett, l'un des investisseurs les plus prospères de tous les temps, est un fervent partisan de la diversification sélective. Connu pour sa philosophie d'investissement à long terme, il ne croit pas en la diversification excessive, préférant concentrer ses investissements dans un nombre limité d'entreprises dans lesquelles il a une grande confiance.

Buffett est souvent cité pour sa célèbre règle : "La diversification est une protection contre l'ignorance. Cela n'a aucun sens si vous savez ce que vous faites." Il estime que les investisseurs devraient se concentrer sur les entreprises qu'ils comprennent le mieux et dans lesquelles ils ont confiance, au lieu de simplement répartir leurs investissements de manière aléatoire.

Le succès de Buffett repose sur sa capacité à sélectionner des entreprises exceptionnelles et à investir dans leur croissance à long terme. Cependant, il convient de noter que la stratégie de Buffett exige une connaissance approfondie du marché et une expertise dans l'analyse financière. Pour les investisseurs individuels qui ne disposent pas de ces compétences, la diversification peut offrir une protection précieuse contre les risques.

Exemple de répartition pour votre patrimoine :

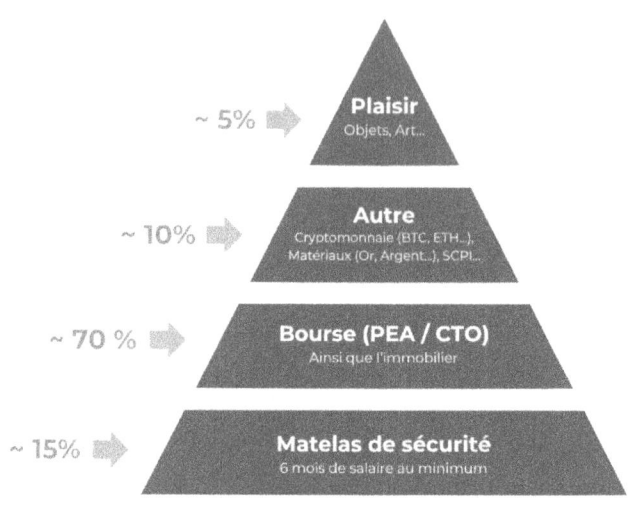

L'Allocation Stratégique : Le Pilier Invisible de la Performance

Lorsqu'on observe les investisseurs les plus performants du monde, un point revient constamment : ils ne cherchent pas à prédire l'avenir, ils construisent un portefeuille qui fonctionne dans tous les environnements possibles. L'allocation stratégique est cette idée. Elle consiste à répartir votre capital entre différentes catégories d'actifs (actions internationales, obligations long terme, immobilier, matières premières, liquidités) de manière à absorber les chocs, profiter des cycles et lisser les fluctuations.

Contrairement à une approche simpliste, ici il ne s'agit pas seulement de choisir "des actions et un peu de sécurité". Il s'agit d'articuler les différentes classes d'actifs comme un ensemble cohérent. Par exemple : certaines classes d'actifs montent quand les taux baissent, d'autres montent quand les taux montent, certaines performent lors d'une inflation forte, d'autres protègent contre les crises, certaines explosent lors des phases d'innovation.

Construire un portefeuille robuste, c'est donc penser en termes de scénarios possibles, pas de prédictions. Ce principe peut vous sembler abstrait… jusqu'au jour où il vous évite une perte de 30 % quand le marché se retourne. L'allocation stratégique est ce qui transforme un investisseur fragile en investisseur résilient.

Fil rouge - Mon Parcours

Lorsque j'ai commencé à investir, je n'avais ni méthode ni assurance.
Seulement une conviction : rester immobile me coûterait plus cher que
d'avancer.

J'ai appris à apprivoiser le risque comme on apprivoise une peur : en la
regardant en face, en l'étudiant, en la comprenant.
Et comme beaucoup, j'ai compris que le risque n'est pas un mur, c'est une
porte.
Il ne demande pas du courage exceptionnel, seulement de la clarté et de la
constance.

Alors je me suis formé pendant plusieurs années sur l'investissement.
C'est cette approche qui a transformé mon rapport à l'investissement et
construit les fondations de ma stabilité financière actuelle.

LES DETTES ET LE CRÉDIT

"La dette, c'est l'ennemi mortel de l'esprit humain."
Ralph Waldo Emerson

Les dettes font partie du quotidien de millions de personnes. Elles peuvent être utiles, ouvrir des portes, accélérer des projets... ou au contraire devenir un piège qui détruit une vie financière, ruine un moral, et enferme dans un stress permanent. Dans la réalité, le crédit n'est ni bon ni mauvais : tout dépend de la façon dont vous l'utilisez.

Dans ce chapitre, nous allons comprendre comment fonctionnent les dettes, comment distinguer celles qui construisent votre avenir de celles qui le détruisent, comment les gérer efficacement, et comment éviter les pièges dans lesquels la majorité des gens tombent.
L'objectif est simple : reprendre le contrôle.

Les bonnes et mauvaises dettes

Toutes les dettes ne se valent pas. Certaines vous tirent vers le bas, d'autres vous tirent vers le haut. Une bonne dette est une dette qui vous permet d'acquérir un actif qui prendra de la valeur dans le temps ou qui augmentera votre capacité à générer des revenus. Un prêt étudiant par exemple, s'il mène à un métier mieux rémunéré, n'est pas seulement une dépense : c'est un investissement.

De la même manière, un crédit immobilier peut s'apparenter à un outil de construction de patrimoine, surtout lorsque les mensualités ne dépassent pas ce que vous auriez payé en loyer pour un logement équivalent.

À l'inverse, une mauvaise dette est celle qui finance un désir immédiat, une impulsion, une envie passagère. Elle ne vous laisse souvent que des regrets, alors qu'elle continue d'exiger des mensualités pendant des mois, voire des années.

Le crédit renouvelable, les achats impulsifs à la carte, ou encore les dépenses de loisirs financées à crédit font partie de ces dettes qui n'enrichissent que la banque. Une dette qui ne produit ni valeur, ni croissance, ni opportunité n'est jamais un outil, seulement un poids supplémentaire.

Le rôle central des taux d'intérêt

Les taux d'intérêt sont déterminés par les décisions de la Banque Centrale Européenne, qui ajuste ses taux directeurs en fonction de l'inflation. Lorsque les taux sont bas, emprunter est moins coûteux et les mensualités deviennent facilement soutenables. Mais lorsque les taux remontent, tout se complique : votre capacité d'emprunt diminue, vos mensualités augmentent, et les projets qui semblaient accessibles deviennent hors de portée.

Le taux dépend également de votre profil. Plus une banque estime que vous représentez un risque élevé, plus elle augmente le taux pour se protéger. Deux personnes qui empruntent le même montant peuvent donc payer des milliers d'euros de différence sur la durée du prêt, simplement parce que l'une est jugée plus fiable que l'autre. Comprendre les taux d'intérêt, c'est comprendre le véritable coût de la dette : celui qui ne se voit pas à la signature, mais qui s'impose pendant parfois vingt ans.

Exemple : Un crédit à 3 % sur 20 ans peut sembler anodin, mais son impact réel est bien plus important qu'on ne l'imagine. Pour un emprunt de 100 000 €, le coût total du crédit atteint environ 35 814 € d'intérêts uniquement. Autrement dit, pour chaque euro emprunté, vous en remboursez 1,35. Ce simple pourcentage, apparemment faible, devient un véritable multiplicateur lorsqu'il s'étale sur deux décennies.

Les effets néfastes des dettes mal gérées

La dette devient un problème quand elle est contractée sans stratégie et sans conscience de ses conséquences. Le surendettement en est l'illustration la plus évidente : des milliers de ménages se retrouvent chaque année dans une situation où les mensualités dépassent largement leur capacité de remboursement. Les retards s'accumulent, les frais gonflent, et la spirale devient difficile à stopper.

D'autres formes de dettes sont tout aussi redoutables. Le crédit renouvelable constitue l'un des pièges les plus fréquents : un taux souvent supérieur à 15 %, une facilité déconcertante à être reconsommé, et un mécanisme qui encourage à emprunter encore alors qu'on n'a pas terminé de rembourser le montant précédent. Ce type de crédit donne l'illusion d'une solution immédiate alors qu'il construit une prison invisible.

Au-delà de l'aspect financier, la dette mal gérée s'attaque aussi à votre santé mentale. Elle peut provoquer stress, anxiété, tensions familiales, sentiment de perte de contrôle et diminution de l'estime de soi. Parfois, la dette est moins lourde dans les chiffres que dans l'esprit.

Gérer les dettes existantes et futures

La bonne nouvelle, c'est qu'il est toujours possible de reprendre la main. Le premier réflexe consiste à simplifier et alléger la charge grâce à la consolidation de dettes, qui regroupe plusieurs crédits en un seul, souvent à un taux plus bas. Cela réduit les mensualités, mais surtout la charge mentale. Ensuite, vient la négociation des taux ou la possibilité de renégocier un crédit immobilier lorsque les conditions du marché évoluent. Une simple baisse de taux peut parfois vous faire économiser plusieurs milliers d'euros sans effort supplémentaire.

Deux grandes approches existent pour rembourser vos dettes plus efficacement : la méthode « avalanche », où l'on s'attaque en priorité aux dettes avec les taux les plus élevés pour réduire le coût total ; et la méthode « boule de neige », où l'on commence par éliminer les plus petites dettes pour créer une dynamique psychologique positive. Dans les deux cas, la clé reste la discipline, l'évitement de tout nouvel emprunt inutile, et la mise en place d'un budget strict et réaliste.

Le remboursement peut être accéléré par de petits gestes : un versement supplémentaire, même modeste, peut réduire significativement le coût total du crédit. Mais la base de tout plan de remboursement reste la même : stopper l'hémorragie. Tant que vous continuez à contracter de nouvelles dettes, sortir des anciennes devient mathématiquement impossible.

Éviter les pièges du crédit excessif demande moins d'intelligence que de lucidité. Avant de signer un emprunt, il est essentiel de comprendre ses conditions, ses frais, ses taux et son coût réel. Prendre 48 heures de réflexion peut suffire à éviter une mauvaise décision. Apprendre à refuser les paiements fractionnés, à suivre ses comptes régulièrement et à constituer un fonds d'urgence de trois à six mois est une forme d'assurance personnelle contre les imprévus.

Fil rouge - Mon Parcours

Dans mon enfance, la dette n'était jamais présentée comme un problème, mais plutôt comme une évidence. Un réflexe. Chez mes parents, chaque imprévu (une facture, un appareil en panne, un retard de salaire) se transformait presque automatiquement en nouveau crédit. Pas par excès, mais par nécessité. C'était leur manière de tenir debout quand les revenus ne suivaient pas.

Je me souviens surtout de ce rythme étrange, celui où l'on attendait le début du mois non pas pour souffler, mais pour payer ce qui n'avait pas pu l'être avant. Une mécanique usante, qui finit par grignoter la sérénité bien plus que l'argent lui-même.

Au fil des années, je voyais que ces crédits accumulés n'étaient pas seulement financiers,ils pesaient aussi sur leur mental, leur disponibilité, leur humeur. Ils vivaient toujours un peu en avance, ou un peu en retard, mais jamais vraiment dans le présent.

Observer tout ça m'a appris que la dette peut devenir un mode de vie sans qu'on s'en rende compte. Pas une grande faute, pas un signe d'irresponsabilité, simplement une conséquence de petits choix répétés par fatigue, par manque d'options, ou par habitude. Et c'est précisément cette normalisation qui la rend dangereuse.

C'est en comprenant cela que j'ai décidé, plus tard, de ne plus laisser l'automatisme remplacer la décision, et de reprendre le contrôle avant que l'argent n'impose, doucement mais sûrement, sa propre logique.

LES OBJECTIFS FINANCIERS ET LA MOTIVATION

"L'avenir appartient à ceux qui croient à la beauté de leurs rêves."
Eleanor Roosevelt

Les objectifs financiers sont bien plus que des chiffres inscrits sur un tableau : ce sont des phares qui éclairent votre chemin, des moteurs qui donnent du sens à vos efforts, et des boussoles qui orientent chaque choix financier.

Sans eux, il est facile de naviguer au hasard, au gré des dépenses du quotidien, en laissant les années passer sans transformation réelle. Mais lorsque vous définissez des objectifs clairs et motivants, votre relation à l'argent change profondément : vous cessez de subir et commencez à diriger.

Établir des objectifs financiers clairs

Établir des objectifs financiers, c'est donner une direction à votre vie économique. C'est ce qui vous permet de rester concentré, de ne pas vous éparpiller et d'éviter de tomber dans le piège des dépenses impulsives. Des objectifs précis vous aident à comprendre ce qui compte vraiment pour vous et à faire des choix alignés avec vos valeurs.

Lorsque vous clarifiez vos priorités, vous commencez naturellement à hiérarchiser vos dépenses. Par exemple, si devenir propriétaire est une priorité forte, vous serez bien plus enclin à réduire certaines dépenses non essentielles pour accélérer votre épargne. Les objectifs deviennent alors un filtre, un guide quotidien.

Ils vous offrent aussi une mesure du progrès. À chaque étape franchie — une dette remboursée, un palier d'épargne atteint — vous renforcez votre confiance et réalisez que votre discipline porte ses fruits. Cette dynamique est précieuse, car elle nourrit votre engagement même dans les périodes difficiles, lorsque la tentation d'abandonner se présente.

Mais pour être efficaces, les objectifs doivent être structurés. C'est là que la méthode SMART intervient, un cadre simple qui transforme vos aspirations en plan d'action concret. Un objectif SMART est :

Spécifique : clairement défini.
Mesurable : vous pouvez suivre les progrès.
Atteignable : ambitieux mais réaliste.
Pertinent : en accord avec vos valeurs.
Limité dans le temps : avec une échéance précise.

Un objectif comme « économiser de l'argent » n'a aucun pouvoir de transformation. En revanche, « épargner 10 000 € en deux ans pour financer un apport immobilier » vous donne un cap précis et mesurable.

Une fois que vous avez établi des objectifs financiers SMART, il est essentiel de créer un plan pour les atteindre. Cela implique de déterminer quelles étapes vous devez franchir, quelles ressources vous devez mobiliser, et comment vous allez mesurer vos progrès. La planification est la clé de la réussite de vos objectifs financiers.

La première étape pour établir des objectifs financiers clairs est de faire un examen approfondi de vos valeurs, de vos rêves et de vos priorités. Prenez le temps de vous interroger sur ce qui est vraiment important pour vous sur le plan financier.

Les objectifs financiers doivent être spécifiques et clairement définis. Évitez les objectifs vagues comme "économiser de l'argent" et préférez des objectifs comme "économiser 5 000 euros pour un voyage en Europe l'année prochaine".

Vous devez être en mesure de mesurer vos progrès vers vos objectifs. Établissez des indicateurs clairs pour suivre vos avancées. Si votre objectif est d'économiser 10 000 euros, créez un plan de suivi de vos économies pour chaque mois.

Les objectifs doivent être réalistes et atteignables. Il est bien de rêver grand, mais assurez-vous que vos objectifs sont réalisables compte tenu de votre situation financière actuelle.
Si vous gagnez un salaire moyen, économiser 1 million d'euros en un an est probablement irréaliste. Fixez plutôt des objectifs que vous pouvez atteindre, comme économiser 10 % de votre salaire chaque mois.

Vos objectifs financiers doivent être pertinents pour votre vie. Ils doivent avoir un sens pour vous, refléter vos valeurs, et être en harmonie avec vos priorités.
Si vous n'êtes pas passionné par la voiture, dépenser beaucoup d'argent pour une voiture de luxe peut ne pas être pertinent pour vous. Investir dans un projet entrepreneurial qui vous passionne peut être plus significatif.

Chaque objectif doit avoir une date limite, un moment où vous prévoyez de l'atteindre. Les échéances vous obligent à rester concentré et à mesurer vos progrès de manière régulière.

Lorsque vous avez plusieurs objectifs financiers, hiérarchisez-les en fonction de leur importance. Cela vous permet de concentrer vos ressources sur les objectifs les plus cruciaux.
Si vous avez des objectifs d'épargne pour la retraite, d'achat d'une maison et de voyages, déterminez lequel est le plus important pour vous en ce moment.

Soyez prêt à ajuster vos objectifs si votre situation financière change. La vie est pleine de surprises, bonnes et mauvaises, et il est parfois nécessaire de réévaluer et de réadapter vos objectifs.

Parlez de vos objectifs financiers à des amis, à la famille ou à un conseiller financier. Le fait de rendre vos objectifs publics peut renforcer votre responsabilité et encourager le soutien de ceux qui vous entourent.

Créez un plan de suivi de vos progrès vers vos objectifs. Cela peut inclure la tenue de registres, le suivi de votre budget mensuel, et la révision régulière de vos avancées.

Lorsque vous atteignez un objectif financier, prenez le temps de célébrer vos succès. La célébration renforce votre motivation et vous rappelle que vos efforts portent leurs fruits.
Si vous atteignez un objectif d'économie pour un voyage, planifiez une célébration en famille ou avec des amis pour marquer l'occasion.

Fixer des objectifs financiers SMART est un processus continu. En cours de route, vous pourrez constater que vos objectifs évoluent à mesure que votre vie change. Il est important de rester adaptable et de continuer à réfléchir à ce qui est vraiment important pour vous. La clé de la réussite réside dans la clarté, la planification et l'engagement envers vos objectifs financiers

Comment créer vos véritables objectifs financiers

Dans la pratique, un bon plan financier repose toujours sur trois catégories d'objectifs :

Les objectifs à court terme (moins de 2 ans)
Ils sont essentiels pour créer un premier momentum.
Exemples : créer un fonds d'urgence de 3 mois de dépenses ; rembourser une dette de crédit à la consommation ; économiser pour un voyage ou un projet personnel.
Ces objectifs rapides renforcent votre confiance et vous montrent que vous êtes capable de changement.

Les objectifs à moyen terme (2 à 10 ans)
Ce sont ceux qui nécessitent organisation et constance.
Exemples : financer un apport immobilier ; acheter une voiture comptant ; monter un projet professionnel ; constituer un portefeuille d'investissement solide.
Ils vous apprennent la discipline.

Les objectifs à long terme (10 ans et plus)
Ce sont ceux qui modifient réellement votre vie.
Exemples : préparer la retraite autrement que par le système classique ; devenir libre financièrement ; transmettre un patrimoine ; investir pour que vos revenus dépassent vos dépenses.
Ce sont ces objectifs qui, cumulés avec les intérêts composés, peuvent réécrire votre futur.

Le Suivi pour réaliser vos objectifs financiers

Comme dit précédemment, le suivi de vos investissements et de votre épargne est crucial pour vous assurer que vous atteignez vos objectifs financiers. Il vous permet d'ajuster vos stratégies face aux fluctuations des marchés, de gérer vos risques, d'anticiper les imprévus, et d'optimiser vos rendements. Sans un suivi rigoureux, vous risquez de perdre de vue vos objectifs, de prendre des décisions basées sur des émotions, et de voir vos efforts financiers se dissiper. Le suivi n'est pas seulement une bonne pratique, c'est la clé de la réussite et de la liberté financière.

Pour suivre efficacement votre épargne et vos investissements, je vous propose un tableau excel qui relis toutes les plus grandes sources de revenus, avec des graphiques, des pourcentages et bien d'autres, voici une image ci-dessous :
Bien entendu vous pourrez le modifier à votre guise !
Pour le recevoir, envoyez un mail à baptistearnaudpro@gmail.com ou consultez la biographie de notre compte Instagram / Tiktok : Cashual_life.

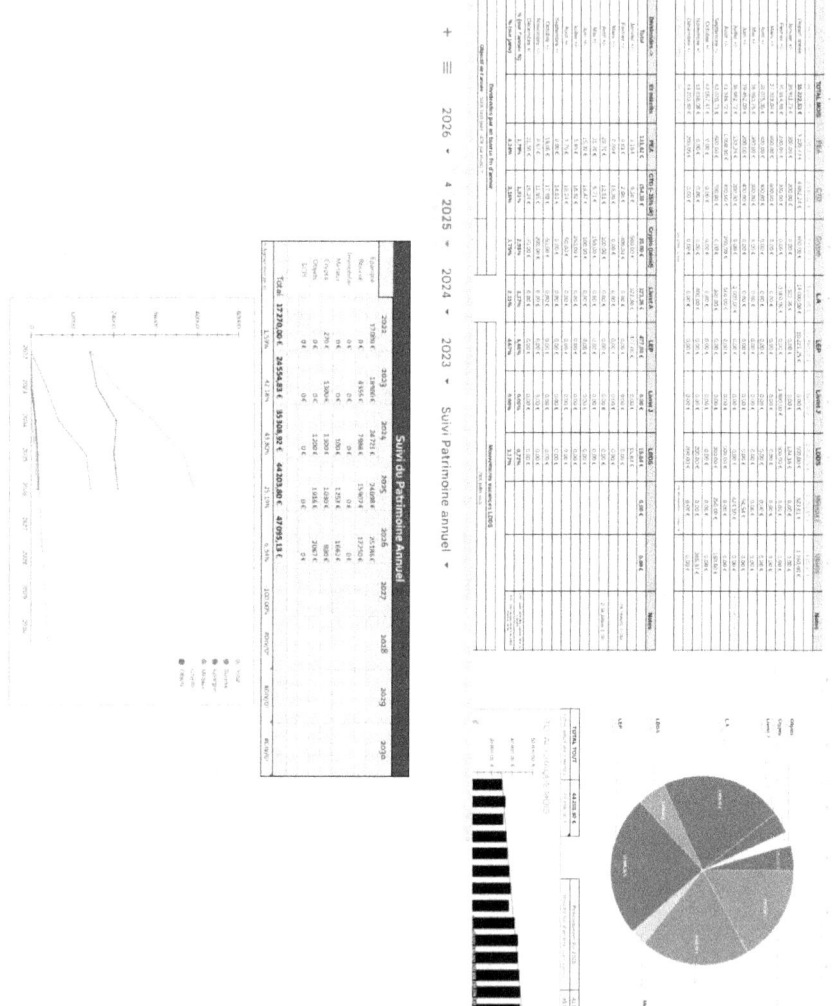

Maintenir la motivation pour atteindre ces objectifs

Fixer un objectif est simple. Le maintenir dans le temps, beaucoup moins. La motivation fluctue : certaines semaines vous êtes inspiré, d'autres vous doutez, vous stagnez, ou vous faites face à des imprévus. C'est normal. La clé consiste à créer un environnement intérieur et extérieur qui nourrit votre discipline.

Une première méthode consiste à visualiser votre objectif : imaginez concrètement votre vie une fois l'objectif atteint. Le cerveau fonctionne avec des images, plus vous rendez votre futur tangible, plus votre motivation augmente. Si votre rêve est de voyager après une retraite anticipée, imaginez-vous sur une plage, libéré de toute pression financière, ce simple exercice renforce votre détermination.

Un tableau de vision fonctionne de la même manière : en affichant au quotidien des images ou mots représentant vos objectifs, vous restez connecté à votre "pourquoi".

Le journal financier est un autre excellent outil. Il vous permet de consigner vos réussites, vos difficultés, vos prises de conscience. Ce retour sur soi maintient le cap, vous rappelle vos progrès et évite que vous ne minimisiez vos avancées.

Enfin, diviser vos objectifs en mini-objectifs les rend plus atteignables. Épargner 10 000 € peut paraître intimidant, mais économiser 833 € par mois est une tâche concrète et mesurable. Chaque mini-victoire crée un sentiment d'accomplissement qui alimente votre motivation.

Il est tout aussi important de récompenser vos réussites. Une petite récompense après un palier atteint transforme un effort en expérience positive, rendant le processus durable.

La motivation passe aussi par un environnement favorable : des personnes qui vous soutiennent, des lectures inspirantes, un cadre de vie organisé. À l'inverse, se comparer aux autres est toxique ; chacun a sa propre trajectoire financière.

Et surtout, acceptez les échecs. Ce ne sont pas des arrêts, seulement des détours. Une mauvaise dépense, un mois compliqué, un imprévu... rien de tout cela ne doit vous arrêter. Ce sont des occasions d'apprendre, d'ajuster, et de continuer.

En cultivant résilience, organisation et clarté, vous transformez vos objectifs en un véritable système de réussite.

Apprécier le chemin plutôt que de se focaliser uniquement sur la finalité

Dans notre société orientée vers les résultats, nous avons tendance à mesurer le succès uniquement à l'aune de l'accomplissement final. Pourtant, ce n'est pas seulement l'atteinte de l'objectif qui compte, mais aussi le chemin parcouru pour y parvenir. Chaque étape franchie, chaque défi relevé, chaque erreur corrigée fait partie intégrante de votre croissance personnelle et financière.

Apprécier ce processus vous permet de tirer du plaisir et de la satisfaction des petits succès quotidiens, plutôt que d'attendre la réussite finale pour vous sentir accompli. C'est en prenant le temps d'apprécier chaque étape que vous renforcez votre détermination et créez un sentiment de fierté qui vous pousse à continuer.

Atteindre la Liberté Financière

Si vous êtes ambitieux, vous pourriez rêver de la liberté financière. C'est un objectif qui consiste à disposer de suffisamment de ressources financières pour couvrir ses besoins et désirs, sans dépendre d'un emploi ou d'une source de revenus active. Cela signifie pouvoir vivre de ses investissements, de ses revenus passifs ou d'autres sources d'argent, tout en ayant la flexibilité de choisir son style de vie. Pour y parvenir, une planification rigoureuse et réfléchie est nécessaire.

Fixer des objectifs financiers clairs

Tout plan de liberté financière commence par la définition d'objectifs financiers. Ces objectifs doivent être concrets et mesurables, et répondre à des questions telles que :

Quel est le montant nécessaire pour atteindre la liberté financière ?
Quand voulez-vous atteindre cet objectif ?
Quel style de vie souhaitez-vous mener une fois libre financièrement ?

Exemple d'objectif clair : "Je souhaite générer 3 000 € brut par mois de revenus passifs d'ici 15 ans pour couvrir mes dépenses et ne plus avoir à dépendre d'un salaire actif."

Calculer le montant nécessaire pour être libre financièrement

Pour savoir combien d'argent il vous faudra pour atteindre la liberté financière, il est essentiel de déterminer vos besoins mensuels et de calculer le capital nécessaire pour générer ces revenus de manière passive. Une règle courante pour les investisseurs est la règle des 4 %, qui stipule que vous pouvez retirer 4 % de votre capital chaque année sans épuiser votre patrimoine.

Exemple :

Si vous avez besoin de 3 000 € par mois (soit 36 000 € par an), il vous faudra un capital de 900 000 € (36 000 € ÷ 0,04) pour générer ce revenu de manière durable.

Ce calcul peut varier en fonction de votre style de vie, de votre tolérance au risque, et des investissements choisis. Il est important de revoir ce chiffre régulièrement pour l'ajuster à vos besoins réels.

Mettre en place une stratégie d'épargne agressive

L'un des éléments essentiels de la planification pour la liberté financière est l'épargne. Il s'agit d'épargner une partie importante de vos revenus actuels pour constituer un capital investi qui générera des revenus passifs. Pour accélérer ce processus, il est conseillé d'épargner au moins 30 % à 50 % de ses revenus si l'objectif est d'atteindre la liberté financière dans un délai relativement court (10 à 20 ans).

Créer des sources de revenus passifs

Le cœur de la liberté financière repose sur la création de revenus passifs. Un revenu passif est un revenu généré avec peu ou pas de travail actif une fois que les investissements ou structures sont en place. Voici quelques-unes des sources de revenus passifs les plus courantes :

Investissements en actions et obligations

Investir dans un portefeuille bien diversifié d'actions et d'obligations permet de générer des revenus sous forme de dividendes (actions) et de coupons (obligations). Il est important de réinvestir ces revenus dans les premières années pour accélérer la croissance du capital.

Investissement immobilier

L'immobilier est une autre source majeure de revenus passifs. En investissant dans des biens locatifs, vous pouvez percevoir des loyers mensuels qui couvrent vos frais et vous permettent de dégager un surplus. Les biens peuvent également prendre de la valeur au fil du temps, offrant ainsi une plus-value potentielle à la revente.

Investissement dans les SCPI
Les Sociétés Civiles de Placement Immobilier (SCPI) permettent d'investir indirectement dans l'immobilier sans avoir à gérer vous-même les biens. Vous percevez des revenus réguliers sous forme de dividendes, tout en profitant de la diversification des actifs immobiliers détenus par la SCPI.

Créer un business en ligne ou une activité scalable
Un autre moyen de générer des revenus passifs est de créer un business en ligne, tel que la vente de produits numériques (cours, e-books) ou un blog monétisé. Ces activités demandent un investissement en temps au début, mais peuvent générer des revenus avec peu d'effort une fois en place.

Diversifier
Pour atteindre la liberté financière, il est crucial d'adopter une stratégie de diversification des investissements. Cela signifie ne pas mettre tous vos œufs dans le même panier, mais investir dans différents types d'actifs (actions, obligations, immobilier, SCPI, etc.) afin de répartir les risques et de maximiser les opportunités de revenus.

Réduire les dettes et optimiser la fiscalité
Un autre pilier pour atteindre la liberté financière consiste à réduire vos mauvaises dettes, telles que les crédits à la consommation, et à gérer efficacement votre fiscalité pour éviter qu'elle ne grève votre épargne et vos revenus.

Suivre, ajuster et s'adapter
Enfin, la clé de la réussite dans un plan de liberté financière est de suivre régulièrement vos progrès. Un plan n'est pas statique : il doit être ajusté en fonction de l'évolution de vos objectifs, des marchés financiers, et de votre situation personnelle.

Si vous avez bien suivi le livre, vous remarquerez que beaucoup de chapitres passés dans ce livre sont liés à la liberté financière. En effet, à la fin de ce livre, vous pourrez avoir comme objectif d'être libre financièrement dans quelques années, si vous vous en donnez les moyens.

Pourquoi Rêver de la Liberté Financière ?

Imaginez une vie où vos choix ne sont plus dictés par la nécessité de gagner un salaire, où vous pouvez décider comment utiliser votre temps, et où vos rêves ne sont plus freinés par des préoccupations financières. La liberté financière n'est pas seulement une question d'argent, c'est une nouvelle façon de vivre, de penser, et de vous épanouir pleinement.

La liberté financière vous permet de vivre selon vos propres termes. Plus de stress à l'idée de boucler les fins de mois ou d'être lié à un emploi que vous ne trouvez pas épanouissant. Au lieu de cela, vous pouvez vous consacrer à ce qui compte vraiment pour vous : vos passions, vos proches, vos projets personnels, et vos voyages.

Rêver de la liberté financière, c'est rêver de pouvoir : choisir votre propre emploi du temps, voyager sans contraintes, créer un impact positif (dans des causes qui vous tiennent à cœur), vivre sans le stress des dettes et des factures…

Mais surtout, rêver de la liberté financière, c'est rêver de la paix intérieure. C'est savoir que vous avez les moyens de faire face à n'importe quel imprévu. C'est avoir la sécurité et la tranquillité d'esprit qui vous permettent de profiter pleinement de chaque instant.

Ce rêve est à portée de main. Il ne s'agit pas d'un privilège réservé aux autres, mais d'un chemin que vous pouvez tracer avec détermination, persévérance, et un plan clair. Il suffit de croire en votre capacité à changer les choses, à prendre le contrôle de votre argent, et à construire petit à petit cette liberté tant convoitée.

Rêver de liberté financière, c'est rêver d'un avenir où vous êtes véritablement aux commandes de votre vie.

Alors pourquoi ne pas commencer à y croire dès aujourd'hui ? Vous avez le potentiel de construire cette vie, étape par étape, en investissant dans vous-même et dans vos choix financiers. Vous êtes maître de votre destin financier, et c'est maintenant qu'il faut agir.

Fil rouge - Mon Parcours

Pendant des années, j'ai avancé sans réel objectif financier. Je me contentais de faire ce que tout le monde faisait : travailler, payer mes factures, profiter quand je pouvais, et espérer que "ça irait mieux plus tard".
Mais ce "plus tard" ne venait jamais, parce que je n'avais aucune direction. Je vivais au mois le mois, sans plan, sans vision, et surtout sans comprendre que cette absence de clarté me condamnait à répéter exactement les mêmes schémas.

Je me souviens d'une période où j'avais l'impression étrange d'être constamment occupé… sans jamais progresser. Je gagnais un peu, je dépensais un peu, parfois je réussissais à mettre quelques centaines d'euros de côté, puis un imprévu effaçait tout. C'était un cycle frustrant. Je bougeais, mais je n'avançais pas. Et ce qui me manquait n'était pas plus d'argent, c'était un cap.

Le déclic est venu le jour où j'ai compris que tant que je n'avais pas d'objectifs précis, mes efforts ne pouvaient conduire nulle part. Tant que je ne savais pas ce que je construisais, mes choix financiers ne faisaient que réagir au quotidien. Rien n'était pensé, tout était subi, même quand tout allait bien en apparence.

C'est en fixant mes premiers objectifs, même modestes, que j'ai enfin senti une direction se tracer. Pour la première fois, j'ai eu l'impression que chaque petite action avait du sens. Ce n'était plus « mettre un peu d'argent de côté », c'était avancer vers quelque chose. Je ne tournais plus en rond. J'avançais.

PARTIE
3

PASSER AU NIVEAU SUPÉRIEUR

Maintenant, nous entrons dans le domaine des techniques avancées pour la réussite financière.

Dans cette section, nous allons explorer des stratégies et des approches avancées qui peuvent vous aider à atteindre un niveau supérieur de maîtrise financière.

Vous découvrirez comment augmenter vos revenus et optimiser vos impôts. Ces techniques ne sont peut-être pas indispensables pour tout le monde, mais elles offrent une opportunité d'améliorer encore davantage vos finances.

Il est essentiel de se rappeler que la réussite financière ne se limite pas à l'accumulation de richesses matérielles, mais englobe également la capacité à réaliser vos rêves, à contribuer à votre bien-être et à vivre une vie qui a du sens.

MAXIMISER VOS REVENUS

"Ne soyez jamais satisfaits des limites de vos efforts et de vos progrès."
Anonyme

Maximiser ses revenus n'est pas seulement une stratégie financière, c'est un changement de posture. Une manière de reprendre le contrôle, d'élargir vos possibilités et de créer une marge de manœuvre qui accélère tous vos objectifs.

Beaucoup de gens passent leur vie à optimiser des centimes plutôt qu'à réfléchir à la manière d'augmenter durablement leur capacité à gagner plus. Pourtant, c'est souvent ce changement-là qui crée les plus grandes avancées financières.

Négociation de salaire

Si vous êtes salarié, la première façon (et souvent la plus simple) de maximiser vos revenus est d'apprendre à négocier. Cette compétence peut vous rapporter des milliers d'euros sur votre vie entière, bien plus que n'importe quelle coupe de budget ou astuce d'épargne. Pourtant, peu de gens osent le faire, par peur d'être mal perçus, par manque de confiance ou simplement parce qu'ils ne savent pas comment s'y prendre.

Négocier son salaire, ce n'est pas "réclamer plus", c'est se positionner à sa juste valeur. Les entreprises s'attendent à ce que les salariés négocient : c'est une norme dans la plupart des secteurs. Et, contrairement à ce qu'on croit, une demande bien formulée donne une image positive : celle d'une personne confiante, consciente de sa valeur, impliquée et professionnelle.

Vous devez simplement démontrer pourquoi votre contribution mérite une revalorisation. Une négociation réussie peut augmenter votre salaire de 5 %, 10 %, parfois 20 %. Sur plusieurs années, cela représente des dizaines de milliers d'euros. La négociation est une compétence... mais surtout un accélérateur.

Préparez-vous avec des données solides

La première étape pour négocier votre salaire est de connaître votre valeur sur le marché. Pour cela, il est essentiel de faire des recherches approfondies et de recueillir des données sur les salaires pratiqués dans votre secteur, pour des postes équivalents à votre niveau d'expérience et de compétences.

Utilisez des outils en ligne permettant de consulter des informations sur les salaires moyens dans votre secteur d'activité, votre région, et pour des postes similaires.
N'hésitez pas à également discuter avec des personnes de votre réseau ou des recruteurs pour obtenir des informations réalistes sur les salaires et les avantages dans votre secteur.

Valorisez vos compétences et vos réussites

Une négociation salariale réussie repose sur votre capacité à démontrer votre valeur ajoutée à l'entreprise. Préparez une liste de vos réalisations clés et des compétences spécifiques qui vous distinguent. Soyez prêt à montrer comment vous avez contribué à la réussite de l'entreprise ou comment vous pourriez le faire.

Mettez en avant les compétences qui sont rares ou très demandées dans votre domaine, comme des certifications spécifiques ou des compétences techniques.

Choisissez le bon moment pour négocier

Le timing est essentiel dans une négociation salariale. Voici quelques moments propices pour aborder le sujet de l'augmentation de salaire : entretien d'embauche (lorsque l'employeur vous fait une offre), révision annuelle, après une réussite majeure…

Ayez une fourchette salariale en tête

Avant d'entrer dans une négociation, il est important d'avoir en tête une fourchette salariale réaliste. Votre fourchette doit être basée sur vos recherches de marché, vos compétences, et votre expérience. Assurez-vous que le salaire minimum que vous êtes prêt à accepter est réaliste et cohérent avec le marché.

Lorsqu'on vous demande vos attentes salariales, répondez avec une fourchette plutôt qu'un chiffre précis. Cela vous laisse de la marge pour la négociation.

Demander un peu au-dessus de ce que vous souhaitez réellement obtenir vous laisse de la place pour négocier, mais assurez-vous de ne pas aller trop loin.

Négociez des avantages supplémentaires

Si l'entreprise ne peut pas répondre à votre demande salariale initiale, n'oubliez pas que le salaire n'est pas la seule composante d'un package de rémunération. Vous pouvez négocier des avantages supplémentaires qui améliorent votre qualité de vie ou renforcent votre sécurité financière : congés supplémentaires, Télétravail, Formations spécifiques financées, bonus ou primes….

Soyez prêt à faire des compromis

La négociation est un processus de compromis. Vous ne pouvez pas toujours obtenir tout ce que vous demandez, mais vous pouvez essayer d'obtenir ce qui vous est le plus précieux. Parfois, cela peut impliquer de faire des concessions sur certains aspects (comme le salaire) pour obtenir des avantages supplémentaires.

Sachez ce qui est non négociable pour vous et ce sur quoi vous êtes prêt à céder. Par exemple, si le salaire proposé est en dessous de vos attentes, vous pouvez compenser avec des avantages ou des primes.
Une négociation est une discussion, pas un combat. Garder une attitude respectueuse et ouverte pendant la négociation crée une atmosphère constructive qui peut mener à un accord mutuel.

Entraînez-vous à la négociation

Si vous n'êtes pas à l'aise avec l'idée de négocier, la pratique est essentielle. Entraînez-vous à exposer vos arguments, soit seul devant un miroir, soit avec un ami de confiance. Vous pouvez également lire des livres ou suivre des formations sur les techniques de négociation. L'essentiel est d'acquérir une confiance en vous qui transparaîtra pendant la discussion.

Ne jamais accepter la première offre immédiatement

Même si l'offre de salaire vous semble satisfaisante, ne l'acceptez jamais immédiatement. Prenez le temps d'examiner l'offre dans son ensemble et de la comparer à vos attentes et au marché. Une simple pause avant d'accepter permet souvent d'ouvrir la porte à une négociation supplémentaire.

Soyez prêt à partir (dans certains cas)

Dans une négociation salariale, vous devez être prêt à envisager la possibilité de refuser l'offre si elle ne correspond pas à vos attentes, surtout si vous savez que vous pouvez obtenir mieux ailleurs. Soyez toutefois conscient des risques et assurez-vous d'avoir une alternative en tête si vous choisissez de ne pas accepter l'offre.

Si vous voulez devenir un expert en négociation, je vous conseille vivement le livre "ne coupez jamais la poire en deux" de Christopher Voss et Tahl Raz.

Pourquoi le salaire seul ne suffit plus

Pendant longtemps, un salaire stable suffisait à construire une vie confortable. Mais la réalité d'aujourd'hui est toute autre : inflation, coût de la vie, logement, érosion du pouvoir d'achat… Le salaire n'a plus le même poids qu'il y a vingt ou trente ans. En France, le revenu médian tourne autour de 2 100 € nets par mois. Cela signifie que la moitié des Français gagne moins que ce montant. À ce niveau, il devient difficile (mais pas impossible) de bâtir un patrimoine, encore moins de viser une liberté financière.

Le problème n'est pas le salaire en soi : il est utile, nécessaire, et représente une base solide. Le problème est d'en dépendre totalement. Le salaire est plafonné, contrôlé par votre employeur, limité par votre secteur, et soumis aux aléas du marché du travail. Votre avenir financier ne devrait jamais reposer sur une seule source de revenus, aussi stable semble-t-elle.
Diversifier ses revenus, même modestement au début, est la meilleure assurance contre l'incertitude et le meilleur accélérateur pour construire quelque chose de plus grand.

Vivre avec un seul revenu signifie vivre en équilibre constant. Au moindre imprévu (une dépense urgente, une réduction d'heures, un changement professionnel) tout peut vaciller. La plupart des ménages fonctionnent sur un modèle où chaque euro gagné part immédiatement dans les dépenses courantes, ce qui empêche toute mise de côté significative. Le résultat :

impossible d'investir, impossible de prévoir, impossible d'avancer. C'est un modèle fragile, qui repose sur l'espoir que rien ne change… alors que tout change.

Sortir de cette fragilité ne se fait pas en supprimant les plaisirs ou en serrant toujours plus la ceinture, mais en changeant la stratégie : augmenter ses revenus, même légèrement, crée un effet boule de neige. 200 € de plus par mois peuvent financer un investissement, accélérer votre épargne, créer un fonds d'urgence ou se transformer en revenus passifs. Ce n'est pas l'effort qui manque chez la plupart des gens, c'est le levier.

Quand vos passions deviennent une source de revenus

Augmenter ses revenus ne passe pas uniquement par votre travail actuel. Vos passions, vos centres d'intérêt, vos compétences naturelles peuvent devenir une source de revenus complémentaires. Et contrairement aux idées reçues, il n'est pas nécessaire d'être exceptionnel pour monétiser quelque chose. Que vous aimiez le tricot, la pâtisserie, les jeux vidéo, le jardinage, la photo, l'écriture ou la peinture… Il existe toujours un moyen de transformer ce que vous aimez en quelque chose de rentable.

Des milliers de personnes génèrent aujourd'hui un revenu grâce à des activités créatives très simples : vendre des créations, partager des tutoriels, offrir des micro-services, proposer des contenus, ou enseigner leur savoir-faire. Ce sont souvent des revenus modestes au début, mais ils ont un avantage considérable : gagner de l'argent sans ressentir l'effort, car vous faites quelque chose qui vous plaît déjà. Et un revenu né d'une passion évolue souvent encore plus vite, car vous y mettez de l'énergie naturellement.

La différence entre obligation et passion est immense. Quand vous faites quelque chose qui vous anime, vous devenez naturellement meilleur, plus constant, plus créatif. Vous n'avez plus besoin de vous pousser : vous avancez parce que cela vous fait vibrer. C'est dans cet état que les gens progressent plus vite, innovent plus, et créent plus de valeur (donc plus de revenus). Les limites se déplacent, l'effort devient plaisir, et l'argent commence à suivre la passion plutôt que l'inverse.

C'est pour cela que les personnes passionnées réussissent souvent mieux que les autres : non pas parce qu'elles sont plus talentueuses, mais parce qu'elles sont engagées. Et quand vous êtes engagé, les résultats finissent toujours par apparaître.

Création de sources de revenus supplémentaires

Les Revenus Passifs

Les revenus passifs représentent l'idée de gagner de l'argent même lorsque vous n'êtes pas en train de travailler. C'est souvent perçu comme le "Saint Graal" de la liberté financière, mais peu de gens comprennent réellement comment ils fonctionnent — et surtout, ce qu'ils ne sont pas. Contrairement aux idées reçues, ce ne sont pas des revenus magiques qui tombent du ciel sans effort ; ce sont des revenus qui nécessitent un travail initial, une stratégie de long terme, et parfois un entretien léger. Mais une fois en place, ils créent cette sensation unique : celle de voir votre argent travailler pour vous.

Les formes les plus classiques de revenus passifs sont celles que nous avons déjà abordées : l'investissement en bourse via des actions, des obligations ou des ETF, l'immobilier locatif ou les fonds immobiliers, les dividendes, les intérêts, ou encore le crowdfunding immobilier et entrepreneurial. Ce sont des sources qui, une fois mises en place, génèrent des flux de revenus réguliers, que vous travailliez ou non. Elles reposent sur un principe simple

: laisser vos actifs produire de l'argent à votre place. C'est pourquoi investir tôt, régulièrement et intelligemment est l'un des piliers de la liberté financière.

Mais les revenus passifs ne se limitent pas à la finance traditionnelle. La création de produits numériques (livres, formations en ligne, logiciels, modèles, photos, musique) est devenue une voie moderne particulièrement puissante. Vous mettez du temps, de l'énergie et parfois beaucoup de passion dans un projet initial, puis ce projet continue de générer des ventes pendant des mois ou des années. C'est l'un des moyens les plus "scalables" d'obtenir un revenu passif, car il n'est pas limité par le temps : que vous vendiez 10 exemplaires ou 10 000, le travail reste le même.
Réfléchissez à vos talents, vos compétences, vos passions et voyez si vous pouvez les transmettre sous forme numérique ou même avec un livre papier.

On retrouve cette idée dans "L'Autoroute du Millionnaire", où MJ DeMarco critique fortement le mythe du "revenu passif facile". Selon lui, le véritable revenu passif naît toujours d'un actif que vous contrôlez : un système, un produit, une entreprise capable de tourner même lorsque vous prenez du recul. DeMarco explique que les personnes riches ne cherchent pas à vendre leur temps, mais à construire des systèmes qui continuent de produire de la valeur sans leur présence. Ce n'est pas une promesse de richesse rapide, mais une réalité : si un système est bien construit, qu'il répond à un besoin réel et qu'il est scalable, il finit par générer des revenus sur la durée.

Les droits d'auteur illustrent parfaitement cette logique. Une chanson, un livre, une photo ou une œuvre d'art peut être monétisée encore et encore grâce aux licences, aux plateformes ou aux reproductions. Le travail initial est conséquent, parfois passionnant, parfois épuisant. Mais une fois l'œuvre créée, elle peut traverser le temps et continuer à rapporter, même des années plus tard. C'est un exemple pur de "système" créatif souvent évoqué par DeMarco.

En réalité, la clé des revenus passifs réside dans cette phrase : "Faites le travail une fois, récoltez plusieurs fois."
C'est cela qui vous rapproche le plus du concept de liberté. C'est cela qui crée l'écart entre ceux qui vendent leur temps… et ceux qui vendent de la valeur.

Bien sûr, tous les revenus dits "passifs" ne sont pas totalement passifs. L'immobilier nécessite de la gestion, les placements demandent un minimum de suivi, et vos produits numériques doivent parfois être mis à jour. Mais comparé à un emploi classique où vous devez constamment être présent pour gagner de l'argent, ces systèmes représentent un changement radical de logique.

En combinant ces approches (investissements financiers, création d'actifs numériques, droits d'auteur, crowdfunding et systèmes scalables) vous multipliez vos sources de revenus et réduisez votre dépendance à votre salaire. Et plus vos revenus passifs augmentent, plus la pression financière diminue… jusqu'à atteindre un point où vous n'êtes plus obligé de travailler, mais libre de choisir comment remplir vos journées.

L'Entrepreneuriat

La création d'une entreprise est une manière dynamique de générer des revenus supplémentaires. Voici des étapes clés pour lancer votre propre entreprise :

- Identifiez un créneau ou une opportunité commerciale qui correspond à vos compétences, vos passions, à vos intérêts et à la demande du marché.

- Élaborez un plan d'affaires solide qui couvre les aspects tels que la structure de l'entreprise, le financement, la stratégie marketing, et les prévisions financières.

- Enregistrez votre entreprise, obtenez les licences nécessaires, et configurez les systèmes opérationnels.

- Mettez en place votre entreprise et commencez à servir des clients ou à vendre des produits.

- Explorez des opportunités pour développer votre entreprise, qu'il s'agisse d'ajouter de nouveaux produits ou services, de pénétrer de nouveaux marchés ou d'élargir votre clientèle.

Le Freelancing et le Travail Indépendant
Le freelancing et le travail indépendant offrent une flexibilité inégalée. Vous pouvez proposer vos compétences et services directement à des clients. Voici des méthodes pour réussir dans ce domaine :

Identifiez une niche ou un domaine dans lequel vous êtes compétent et passionné.
Élaborez un portfolio ou un CV en ligne qui met en valeur vos réalisations et votre expertise.
Établissez des relations avec des clients potentiels en participant à des événements professionnels et en utilisant les médias sociaux.
Assurez-vous de bien gérer vos finances, y compris la tarification, la facturation et l'épargne pour les impôts.

Investissement dans l'éducation financière

L'investissement dans votre éducation financière est un moyen d'améliorer vos compétences et de créer des opportunités pour augmenter vos revenus.

Une solide éducation financière vous permet de prendre des décisions éclairées, de mieux gérer vos finances, et de saisir des opportunités qui vous auraient peut-être échappé autrement.

L'Apprentissage Continu

L'apprentissage continu est au cœur de l'éducation financière. Il existe une multitude de ressources disponibles pour vous aider à développer vos compétences. Voici quelques étapes pour commencer :

Les livres sur la gestion financière, l'investissement, et l'entrepreneuriat sont une source précieuse de connaissances. Explorez des titres tels que "Père Riche, Père Pauvre" de Robert Kiyosaki ou "L'Investisseur Intelligent" de Benjamin Graham.

De nombreuses plateformes offrent des cours en ligne sur des sujets financiers. Vous pouvez suivre des cours sur l'investissement en bourse, la gestion du budget, la planification de la retraite, et bien d'autres.

Assistez à des webinaires et à des conférences en ligne animés par des experts financiers. Cela vous permet de rester à jour sur les dernières tendances financières.

Certification et Diplômes

Obtenir des certifications et des diplômes dans des domaines pertinents peut renforcer votre crédibilité et élargir vos opportunités professionnelles.

Coaching et Mentorat

Le coaching ou le mentorat sont des moyens efficaces d'accélérer votre éducation financière. Collaborer avec un expert peut vous aider à éviter les erreurs courantes et à développer rapidement vos compétences.

Application Pratique

L'application pratique de vos connaissances est essentielle. Investir dans l'éducation ne se limite pas à la théorie, mais implique également la mise en pratique de vos compétences.

L'investissement dans votre éducation est un effort qui peut avoir un impact durable sur vos revenus, votre sécurité financière et votre confiance en vos décisions. Plus vous en savez sur les principes de gestion financière, l'investissement, et l'entrepreneuriat, plus vous serez en mesure de prendre des décisions éclairées pour augmenter vos revenus et atteindre vos objectifs financiers. Alors, préparez-vous à investir dans votre propre savoir, car la connaissance est le meilleur atout pour réussir sur le plan financier.

Fil rouge - Mon Parcours

Quand j'étais étudiant en finance et que je travaillais en alternance comme chargé d'affaires dans une grande société de nettoyage industriel, j'ai découvert quelque chose qui a profondément changé ma vision de l'argent. Mon tuteur, qui était aussi mon responsable, gagnait déjà très correctement sa vie : environ 2 000 € nets par mois, auxquels s'ajoutaient des commissions de 8 % sur ses ventes. Pour beaucoup, ce type de salaire aurait été un aboutissement, une raison de se reposer. Mais lui ne voyait pas les choses comme ça.

Ce qui m'a marqué, c'est que malgré ce revenu confortable, il avait développé une deuxième activité qui n'avait rien à voir avec son travail. Il était passionné de musique. Vraiment passionné. Ce n'était pas une stratégie financière, ce n'était pas un plan d'enrichissement, c'était simplement ce qu'il aimait faire depuis toujours. Alors, en auto-entrepreneur, il donnait quelques cours de piano le soir ou le week-end, sans pression, juste par plaisir.

Et pourtant… en seulement quelques heures par semaine, il générait des centaines d'euros supplémentaires chaque mois.

Je me souviens de la première fois où il m'a montré son planning. Trois élèves le mardi, deux le jeudi, parfois un ou deux le samedi. Rien d'extraordinaire en apparence. Mais à la fin du mois, ces quelques cours représentaient un complément qui faisait basculer sa situation financière dans une toute autre dimension : plus de marge pour se faire plaisir, plus de sécurité, plus de possibilités. Et surtout, un revenu qu'il créait en faisant ce qu'il aimait.

C'est à ce moment-là que j'ai compris une chose essentielle : les gens qui s'en sortent le mieux ne sont pas ceux qui se contentent de leur salaire, mais ceux qui multiplient les sources de revenus, même modestes, même passionnelles, même imparfaites. Mon tuteur m'a montré que l'argent n'était pas qu'une affaire de travail acharné, mais aussi de créativité, de curiosité, et parfois seulement de quelques heures consacrées à ce qui nous anime vraiment.

En le voyant, j'ai compris que maximiser ses revenus n'est pas forcément synonyme de sacrifices ou d'heures supplémentaires interminables. Parfois, il suffit d'oser exploiter ce qu'on aime déjà, de se donner la permission d'essayer, et de laisser la passion devenir un moteur financier. Cette leçon a été l'une des plus puissantes de mon début de carrière.

FISCALITÉ ET OPTIMISATION FINANCIÈRE

"Un sou épargné est un sou gagné."
Benjamin Franklin

La fiscalité est souvent perçue comme un sujet complexe, opaque, presque intimidant. Pourtant, comprendre comment fonctionne l'impôt et comment optimiser intelligemment sa situation financière n'est pas réservé aux experts. C'est un levier direct pour améliorer votre pouvoir d'achat, accélérer votre enrichissement et éviter de laisser sur la table des centaines (parfois des milliers) d'euros chaque année.

Comprendre la fiscalité pour mieux la maîtriser

La fiscalité n'est rien d'autre qu'un ensemble de règles qui déterminent ce que vous devez à l'État selon vos revenus, vos investissements et votre patrimoine. Malheureusement, beaucoup adoptent une vision fataliste : "Les impôts, on n'y peut rien." En réalité, il existe de nombreuses stratégies légales et simples pour réduire votre charge fiscale, à condition de comprendre les bases.

Prendre le temps d'apprendre comment fonctionne votre imposition est l'un des investissements les plus rentables de votre vie. Chaque optimisation réalisée (même petite) se répercute année après année. Une déduction oubliée, un mauvais choix de support d'investissement ou une absence de déclaration spécifique peuvent coûter cher. À l'inverse, un simple changement de produit d'investissement peut réduire votre fiscalité de plus de moitié.

Le PEA : l'outil incontournable de l'investisseur français

Pour les investisseurs en actions européennes, le Plan d'Épargne en Actions est probablement l'un des dispositifs les plus puissants et les plus méconnus. Investir via un PEA permet de bénéficier d'une fiscalité très avantageuse sur les plus-values et les dividendes, à condition de le conserver au moins cinq ans.

Dans un compte-titres ordinaire (CTO), les dividendes et les plus-values sont taxés à 31,4% depuis 2026 via la flat tax (12,8 % d'impôt + 18,6 % de prélèvements sociaux). Avec un PEA, vous n'êtes pas imposé à 31,4%, mais seulement aux prélèvements sociaux après cinq ans, soit 17,2 %. Sur dix ou vingt ans, la différence est colossale. Ce n'est pas simplement un outil fiscal : c'est un accélérateur d'enrichissement.

Le PEA permet également d'investir dans des ETF européens, ce qui facilite la diversification tout en profitant de la fiscalité avantageuse. Pour quelqu'un qui débute, ou même pour un investisseur confirmé, il doit être l'un des premiers outils utilisés avant d'aller sur un CTO.

Le CTO : la porte vers le monde entier (avec taxation à maîtriser)

Le compte-titres ordinaire permet d'investir dans absolument tout : actions US, ETF internationaux, obligations, matières premières, REITs, etc. C'est un outil indispensable pour quiconque souhaite diversifier à l'échelle mondiale, mais il doit être utilisé en connaissance de cause.

La fiscalité sur un CTO est simple : tout est taxé à 31,4% (flat tax). Cependant, certains dividendes étrangers subissent une double retenue : d'abord un prélèvement dans le pays d'origine (souvent 15 %), puis la flat tax en France. On peut récupérer une partie de cette double imposition via un crédit d'impôt… mais seulement si l'on sait comment déclarer correctement. C'est le genre de détail qui peut réduire vos revenus passifs si vous l'ignorez, et les augmenter sensiblement si vous le maîtrisez.

Immobilier : des régimes fiscaux qui changent tout

L'immobilier est apprécié pour les revenus qu'il génère, mais peu de gens savent que la fiscalité peut transformer une bonne opération en très mauvaise… ou en excellente. Les régimes LMNP (Loueur Meublé Non Professionnel) et LMP offrent par exemple une fiscalité extrêmement avantageuse grâce aux amortissements. Ces amortissements permettent de déduire une partie de la valeur du bien chaque année, réduisant fortement vos impôts sur les loyers.

D'autres dispositifs existent (Pinel, Denormandie, déficit foncier, etc.), mais tous ne se valent pas. L'objectif n'est pas de se jeter sur un dispositif fiscal à la mode, mais de comprendre lequel correspond réellement à votre situation et à vos objectifs.

Création d'entreprise et fiscalité des entrepreneurs

Le choix du statut juridique de votre entreprise (auto-entrepreneur, EURL, SAS, SARL, etc.) influence la manière dont vous serez imposé :

Auto-entrepreneur : Vous êtes soumis au régime micro-fiscal avec des charges sociales simplifiées, mais vous ne pouvez pas déduire vos charges réelles.

Société : Si vous optez pour une SARL ou une SAS, l'entreprise paiera l'impôt sur les sociétés (15 % jusqu'à 38 120 € de bénéfices, puis 25 % au-delà), et vous paierez des impôts sur les dividendes ou les salaires que vous vous versez.

En fonction de vos revenus et de vos projets, choisir le bon statut vous permet de payer moins d'impôts, tout en gardant un maximum de flexibilité dans la gestion de votre entreprise.

Si vous percevez des dividendes de votre entreprise, ceux-ci sont soumis à la flat tax de 31,4%. Il peut parfois être plus intéressant de vous verser une rémunération, car elle est soumise à l'impôt sur le revenu et aux cotisations sociales, mais les taux peuvent être plus avantageux si vous êtes dans une tranche marginale basse.

Préparation à la retraite et fiscalité

La préparation à la retraite est un autre domaine où la fiscalité peut influencer vos choix. Il est essentiel de connaître les produits qui vous permettent d'épargner pour votre retraite tout en bénéficiant d'avantages fiscaux dès aujourd'hui.

Le Plan d'Épargne Retraite (PER) est un produit conçu pour vous permettre de préparer votre retraite tout en bénéficiant d'avantages fiscaux. Les versements effectués sur un PER sont déductibles de votre revenu imposable, ce qui peut réduire considérablement vos impôts chaque année.

À la retraite, vous pourrez choisir entre une sortie en capital ou en rente. Notez cependant que les sommes récupérées seront imposées, mais les gains réalisés pendant la phase de capitalisation bénéficient d'un cadre fiscal favorable.

Si vous optez pour une rente à la retraite, elle sera imposée comme un revenu, mais avec un abattement spécifique en fonction de votre âge au moment du départ à la retraite. Une sortie en capital sera également soumise à l'impôt sur le revenu, mais avec une imposition favorable sur les plus-values si vous avez utilisé un produit comme l'assurance-vie.

Stratégies d'optimisation fiscale

L'optimisation financière n'est pas synonyme de fraude ou de contournement douteux. C'est la capacité d'utiliser intelligemment les règles en place. Réduire ses impôts n'est pas immoral : c'est un droit que tout contribuable peut exercer. L'essentiel est de le faire dans un esprit de long terme : choisir les bons supports, suivre ses revenus, déclarer correctement, et garder une vision claire de son avenir financier.

La fiscalité doit être intégrée dans votre stratégie globale, au même titre que le budget, l'épargne, ou l'investissement. Elle n'est pas un obstacle mais un levier. Celui qui ne s'y intéresse pas paie toujours plus que nécessaire. Celui qui apprend à l'utiliser garde plus d'argent, investi davantage, et atteint ses objectifs plus vite.

Planification Fiscale Personnelle

Explorez les déductions fiscales et les crédits d'impôt disponibles. Ces avantages peuvent réduire votre impôt sur le revenu de manière significative. Des exemples courants incluent les déductions pour intérêts hypothécaires, les frais médicaux, les dons de bienfaisance, et les crédits pour enfants.

Planifiez le moment de vos gains en capital et de vos distributions de retraite pour minimiser les charges fiscales. Parfois, retarder ou anticiper ces événements peut avoir un impact significatif sur vos obligations fiscales.

Planification Fiscale des Investissements

En diversifiant vos investissements, vous pouvez minimiser les gains en capital imposables. La vente d'actifs ayant des pertes peut être utilisée pour compenser les gains.

Les investissements détenus à long terme sont souvent soumis à des taux d'imposition préférentiels. En adoptant une stratégie d'investissement à long terme, vous pouvez réduire vos obligations fiscales.

La récolte des pertes fiscales consiste à vendre des investissements ayant des pertes pour compenser les gains en capital imposables. Cela peut réduire votre facture fiscale globale.

La clé de l'optimisation fiscale est la planification proactive. En comprenant les opportunités fiscales et en adoptant des stratégies judicieuses, vous pouvez réduire votre facture fiscale tout en maximisant votre patrimoine.

N'hésitez pas à consulter un professionnel de la fiscalité ou un conseiller financier pour personnaliser ces stratégies en fonction de votre situation financière unique.

Éviter les pièges fiscaux courants

Dans le domaine complexe de la fiscalité, il est facile de tomber dans des pièges qui peuvent avoir des conséquences financières négatives. Pour éviter ces écueils, vous devez être conscient des problèmes courants et adopter une approche proactive pour protéger vos finances. Voici les pièges fiscaux courants à éviter :

Sous-Estimation de l'Impôt à Payer

Lorsque les gens ne prévoient pas suffisamment d'argent pour payer leurs impôts, ils peuvent se retrouver en difficulté financière, y compris des pénalités et des intérêts.

Calculez avec précision votre responsabilité fiscale tout au long de l'année. Si vous êtes travailleur autonome ou avez des revenus variables, prévoyez des paiements d'impôts trimestriels.

Mauvaise Gestion des Déclarations d'Impôt

Des erreurs dans la préparation de vos déclarations d'impôt, telles que des omissions ou des inexactitudes, peuvent entraîner des audits fiscaux et des sanctions.

Assurez-vous de fournir des informations exactes dans vos déclarations d'impôt. Si vous avez des doutes, envisagez de faire appel à un professionnel de la fiscalité pour vous aider.

Transactions Fiscalement Risquées

Certaines transactions financières, telles que les abris fiscaux, peuvent sembler attrayantes pour réduire les impôts, mais elles sont souvent illégales et peuvent entraîner de graves conséquences.

Méfiez-vous des offres trop belles pour être vraies en matière de réduction d'impôts. Consultez un conseiller fiscal fiable pour des stratégies fiscales légales et prudentes.

Non-Utilisation d'Avantages Fiscaux Disponibles

En ignorant délibérément les déductions et les crédits d'impôt auxquels vous avez droit, vous pourriez payer plus d'impôts que nécessaire.

Faites preuve de diligence en explorant toutes les opportunités fiscales. Assurez-vous de maximiser les avantages fiscaux pour lesquels vous êtes éligible.

Mauvaise Gestion des Factures et des Reçus

Perdre des factures ou des reçus peut entraîner une déduction fiscale perdue.

Créez un système organisé pour la gestion de vos documents financiers. Utilisez des outils de gestion financière ou des applications pour numériser et conserver des copies de vos reçus.

FIN

Nous arrivons au terme de ce voyage. Et si vous êtes encore là, c'est que quelque chose en vous a changé. Peut-être discrètement, peut-être profondément. Un regard différent sur l'argent, une prise de conscience, un élan intérieur impossible à ignorer.
Ce n'est pas simplement la fin d'un livre : c'est le début d'une nouvelle histoire, la vôtre.

J'espère que ce livre, "L'Éveil Financier," a été pour vous une source d'inspiration et un guide pour une meilleure compréhension de votre relation avec l'argent.

Au fil des pages, vous avez compris que l'argent n'est pas qu'un outil mathématique : c'est un langage émotionnel, une histoire personnelle, parfois un poids, parfois une opportunité. Vous avez exploré vos habitudes, vos peurs, vos forces, vos contradictions. Vous avez appris à construire une stabilité, puis une stratégie, puis une vision.

Vous avez découvert comment créer un budget qui libère au lieu de contraindre, comment investir intelligemment au lieu de spéculer, comment transformer votre avenir grâce aux intérêts composés, aux revenus passifs, à l'optimisation et aux décisions alignées.

Vous avez compris que la sécurité financière n'est pas un rêve lointain, mais une compétence. Et que la liberté financière n'est pas une utopie, mais une trajectoire.

Ce livre n'a pas été écrit pour faire de vous un simple accumulateur d'argent.

Il a été écrit pour vous aider à reprendre le contrôle de votre vie.

À faire la paix avec l'argent.

À l'utiliser comme un levier, et non comme une chaîne.

À transformer vos intentions en actions, vos actions en progrès, et vos progrès en liberté.

Car au fond, l'argent ne change pas ce que vous êtes ; il amplifie ce que vous devenez.

Le voyage financier est continu, et vous êtes désormais équipé de connaissances, de compétences et d'une perspective éclairée pour le poursuivre.

Je vous encourage à continuer à explorer, à apprendre, à évoluer et à partager vos connaissances financières avec ceux qui vous entourent.

Et si ce livre a planté ne serait-ce qu'une graine en vous, alors le meilleur est encore à venir.

Il est volontaire que certains sujets ne soient pas abordés dans un niveau de détail extrême : l'objectif de ce livre n'est pas de faire du bourrage de crâne, mais de transmettre des bases solides, une vision claire et des clés concrètes pour avancer sereinement.

Dites-moi quel sujet vous aimeriez que j'aborde plus en profondeur dans mon prochain ouvrage :
business, entrepreneuriat, bourse avancée, cryptomonnaies, fiscalité, psychologie, développement personnel, ou encore liberté financière totale.
Écrivez-moi : arnaudbaptistepro@gmail.com
Je me ferai un plaisir de vous répondre.

Votre éveil financier est une invitation à une vie plus riche, au sens le plus large du terme.
Je vous remercie de m'avoir accompagné dans cette lecture, et je vous souhaite tout le succès et l'abondance que vous méritez.

Bien à vous, Baptiste ARNAUD

L'Éveil Financier n'attends plus que **vous** !

@cashual_life

Retrouvez nos livres, outils et projets sur Instagram, TikTok et Amazon.

Rejoignez-nous pour continuer votre évolution financière, mentale et stratégique au quotidien.

La suite naturelle de L'Éveil Financier

Comprendre le système, changer ta vision de l'argent, sortir des schémas mentaux limitants… c'est ce que tu viens de faire.

Maintenant, une question simple : qu'est-ce que tu fais concrètement avec cette conscience ?

ETF & Dividendes est la continuité directe de ce livre.
C'est le passage de la prise de conscience à la construction réelle de richesse.

Tu y découvres comment créer des revenus passifs intelligents, bâtir un patrimoine progressif, utiliser les ETF comme fondation financière et faire travailler l'argent pour toi, pas l'inverse.

L'Éveil Financier change ta manière de penser.
ETF & Dividendes change ta manière d'agir.
Si tu veux transformer une vision en système, c'est LE prochain livre à lire.

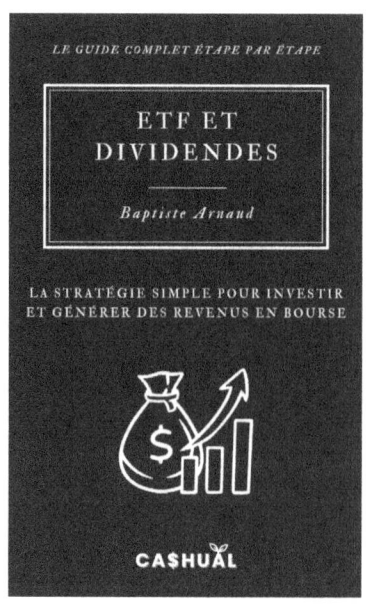

Pour aller plus loin après L'Éveil Financier

Comprendre l'argent, les systèmes et les mécanismes mentaux, c'est la première étape. Mais comprendre ne suffit pas. Ce qui fait la différence, c'est ce que tu fais chaque jour.

C'est exactement l'objectif de Gamification.

Ce livre transforme ta progression financière en un jeu stratégique : objectifs clairs, systèmes de récompense, niveaux, discipline mentale, constance, motivation durable.

Tu ne construis plus ta liberté financière à la force de la volonté, tu la construis avec des systèmes intelligents.

Si L'Éveil Financier t'a ouvert les yeux, Gamification te donne le moteur. La vision + l'action. La conscience + l'exécution. Gamification est le livre qui transforme tes intentions en résultats.

ANNEXES

Ces annexes ne sont pas une répétition du livre, mais votre mode d'emploi quotidien.

Elles regroupent les actions rapides, les checklists essentielles et les outils pratiques qui vous aideront à appliquer ce que vous avez appris, sans complexité, sans technique inutile.

Vous pouvez ouvrir cette section chaque mois pour faire le point, ajuster vos habitudes et continuer à avancer vers votre liberté financière.

1. Les actions immédiates (5 minutes chacune)

- Mettre en place votre première décision financière
Prenez 5 minutes pour examiner vos dépenses fixes : loyer, abonnements, assurances. Supprimez un abonnement inutile. Ce geste simple crée un espace financier immédiat et envoie un signal clair à votre cerveau : vous reprenez le contrôle.

- Automatiser votre première épargne
Programmez un virement automatique, même de 20 € ou 50 €. L'objectif n'est pas le montant, mais l'habitude.
Cette petite action vous place dans la catégorie des personnes qui bâtissent un futur financier solide.

- Faire le premier pas vers l'investissement

Prévoyez un temps dans la semaine pour vous former à l'investissement (commencez par celui qui vous attire le plus), et commencez à en apprendre davantage sur cette méthode grâce à des vidéos, des livres…

- Protéger vos finances
Notez votre coût de vie mensuel et établissez votre premier objectif de fonds d'urgence (1 mois de dépenses). C'est votre filet de sécurité mental et financier.

2. Checklists essentielles

Un budget simple et efficace
- ☐ Mes dépenses et revenus fixes sont identifiées
- ☐ Je limite mes dépenses variables
- ☐ J'ai une épargne automatique
- ☐ Je sais combien je dépense chaque mois
- ☐ Je n'utilise pas de crédit à la consommation
- ☐ J'ai un compte dédié à mon épargne

Avant d'investir le moindre euro
- ☐ J'ai un fonds d'urgence en construction
- ☐ Je comprends mon niveau de risque
- ☐ Je n'investis pas pour "gagner vite", mais pour construire
- ☐ Je diversifie mes placements
- ☐ Je n'investis que de l'argent dont je n'ai pas besoin à court terme

Signes que votre situation évolue dans le bon sens
- ☐ J'ai réduit mes achats impulsifs
- ☐ Je me sens moins stressé face aux imprévus

☐ Mon patrimoine évolue (même lentement)

☐ Je fais plus facilement des choix financiers rationnels

☐ Je me sens plus confiant dans ma gestion de l'argent

3. Scripts prêts à l'emploi

- Lors d'une négociation salariale

"Depuis plusieurs mois, j'ai obtenu [3 résultats concrets].

Je souhaite aujourd'hui que ma rémunération reflète mon impact réel.

Je propose que nous étudiions une revalorisation."

- Pour refuser poliment une dépense que vous ne voulez pas faire

"J'aimerais venir, mais ce mois-ci je fais attention à mes finances.

Je passe mon tour, mais profitez bien !"

- Pour éviter un achat impulsif

"Si j'en ai encore envie dans 48h, je reviendrai." Ce simple délai réduit 80 % des achats inutiles.

- Pour créer une opportunité professionnelle

"J'aimerais être impliqué(e) dans ce type de projet si une place se libère.

Je travaille activement à développer mes compétences."

Ce genre de phrases ouvre des portes discrètement mais efficacement.

4. Scénarios simples et parlants

Quand l'automatisation change tout

50 € de côté automatiquement.

En un an : 600 €

En 5 ans : 3 000 €

Avec un ETF : 4 200 €

Sans discipline, sans réflexion, juste grâce à l'automatisation.

Le poids du temps en investissement
Investir tôt n'a rien d'une phrase cliché. C'est mathématique : plus tôt vous commencez, plus l'effet cumulatif travaille pour vous.

Exemple :
À 25 ans, 150 €/mois → ~240 000 € à 60 ans
À 35 ans, 150 €/mois → ~110 000 €
10 ans d'écart = plus du double de résultat.

Le fonds d'urgence qui évite les dettes
Un imprévu de 800 €.
Sans épargne → crédit, stress, intérêts.
Avec un fonds d'urgence → vous payez, vous respirez, et la vie continue.

5. Boîte à outils essentielle

- Budget & Organisation
Bankin / Linxo : suivi instantané
Notion : template budgétaire simple
Revolut / N26 : comptes séparés pour éviter de tout mélanger

- Investissement
Courtiers accessibles : Boursobank, Degiro, Interactive Broker
ETF incontournables : MSCI World, S&P 500, EURO STOXX 50, MSCI Emerging market.

Voici 4 ETF, renseignez-vous et voyez s'ils vous conviennent :

Pour PEA (avec frais réduits sur Boursobank) :

iShares Core EURO STOXX 50 UCITS ETF EUR (dist/acc) (EUE)
iShares MSCI World Swap PEA UCITS ETF (WPEA)
-> Les ETF "swap" sont plus risqués et plus complexes que les ETF "classiques", renseignez-vous bien et vérifiez bien vos ETF avant achat.

Pour CTO :
iShares Core MSCI World UCITS ETF USD (Acc) (IWDA)
iShares Core MSCI EM IMI UCITS ETF USD Acc (EMIM)

- Immobilier
Simulateurs de rentabilité
Calcul de cashflow et de travaux
Plateformes SCPI pour l'immobilier sans gestion

- Carrière & Compétences
Canva pour un CV propre
LinkedIn optimisé
Vidéos YT, formations pour monter en compétences
Les livres Atomic Habits, L'Autoroute du Millionnaire, Deep Work

6. Rappels essentiels

« Vous n'avez pas besoin d'être expert. Vous avez besoin d'être constant. »
« L'argent aime la clarté, pas le chaos. »
« Les petites sommes régulières bâtissent de grandes libertés. »
« Ce que vous faites chaque mois vaut plus que ce que vous faites une fois par an. »
« Vous êtes toujours à une bonne décision de transformer votre futur. »

SOURCES ET RÉFÉRENCES

Ouvrages et citations

Corneille, P. (1660). Le menteur. Paris, France : Augustin Courbé.

Kiyosaki, R. T., & Lechter, S. L. (1997). Rich dad poor dad. Paradise Valley, AZ : TechPress.

Buffett, W. (1997). Berkshire Hathaway annual report. Omaha, NE : Berkshire Hathaway Inc.

Housel, M. (2020). The psychology of money. Harriman House.

Données économiques et statistiques (textes & graphiques)

Institut national de la statistique et des études économiques. (2024). Indice des prix à la consommation – France. INSEE.

Institut national de la statistique et des études économiques. (2024). Évolution du pouvoir d'achat des ménages en France (2019–2024). INSEE.

Institut national de la statistique et des études économiques. (2024). Salaires nets moyens du secteur privé et inflation. INSEE.

Marché immobilier et revenus

Conseil d'analyse économique. (2023). Le marché immobilier français et le pouvoir d'achat des ménages. Paris : CAE.

Banque de France. (2023). Évolution des prix de l'immobilier résidentiel en France. Banque de France.

Graphiques

Les graphiques présentés dans cet ouvrage sont des représentations pédagogiques fondées sur des données publiques et des modèles économiques reconnus.
Ils ont été conçus par l'auteur afin de faciliter la compréhension des mécanismes financiers et ne constituent ni des prévisions garanties ni des conseils financiers personnalisés.

NOTES

NOTES

NOTES

www.ingramcontent.com/pod-product-compliance
Lightning Source LLC
Chambersburg PA
CBHW052316220526
45472CB00001B/148